THEO MAYER-MALY

Erwerbsabsicht und Arbeitnehmerbegriff

NEUE KÖLNER RECHTSWISSENSCHAFTLICHE ABHANDLUNGEN

HERAUSGEGEBEN VON
DER RECHTSWISSENSCHAFTLICHEN FAKULTÄT
DER UNIVERSITÄT ZU KÖLN

HEFT 37

Berlin 1965

WALTER DE GRUYTER & CO.
vormals G. J. Göschen'sche Verlagshandlung · J. Guttentag, Verlagsbuchhandlung
Georg Reimer · Karl J. Trübner · Veit & Comp.

Erwerbsabsicht und Arbeitnehmerbegriff

Von

Theo Mayer-Maly

Professor an der Universität Köln

Berlin 1965

WALTER DE GRUYTER & CO.

vormals G. J. Göschen'sche Verlagshandlung · J. Guttentag, Verlagsbuchhandlung
Georg Reimer · Karl J. Trübner · Veit & Comp.

Archiv-Nr. 27 08 65 1

Satz und Druck: Berliner Buchdruckerei Union GmbH, Berlin 61

Hans Carl Nipperdey
in tiefer Verehrung
gewidmet

VORWORT

Diese Arbeit beruht auf einem Forschungsauftrag, den ich für das Bundesarbeitsministerium für Arbeit und Sozialordnung ausgeführt habe. Für die anregende Themenstellung, die wiederholte Beratung während der Arbeit und für die Gestattung der Veröffentlichung sage ich diesem meinen Dank. Die Arbeit wurde im Februar 1964 abgeschlossen; in die Noten konnten noch einige Nachträge zum neueren Schrifttum aufgenommen werden.

Köln, am 6. Juli 1964

Theo Mayer-Maly

INHALT

ABKÜRZUNGSVERZEICHNIS

Die in dieser Arbeit verwendeten Abkürzungen entsprechen durchwegs denen, die bei Hueck-Nipperdey, Lehrbuch des Arbeitsrechts I [7](1963), S. XVII ff. angeführt werden. Die bei Bensheimer erschienene Sammlung der Entscheidungen des Reichsarbeitsgerichts und der Landesarbeitsgerichte allerdings wird nicht mit RAG, sondern mit ARS zitiert.

Im übrigen gebrauchte ich noch folgende Abkürzungen:

ArbSlg	Sammlung arbeitsrechtlicher Entscheidungen der Gerichte und Einigungsämter, hg. v. österr. Bundesministerium für Justiz
DRdA	Das Recht der Arbeit (Wien)
Festschr. Stohr	Universitas, Festschrift für Bischof Albert Stohr, 1960
Girgensohn	Die arbeitsrechtliche Stellung der Krankenschwestern, Kölner Diss. 1962
KirchE	Entscheidungen in Kirchensachen, hg. v. C. J. Hering u. H. Lentz
KVRS	Die Krankenversicherung in Rechtsprechung und Schrifttum
ÖJZ	Österreichische Juristen-Zeitung

Problemstellung:

Der hauptsächliche Beweggrund menschlicher Arbeit ist gewiß das Streben nach Erwerb. Daneben aber waren und sind Menschen immer wieder in erster Linie tätig, um Gutes zu tun. Bisher konnte noch keine Gesellschaftsordnung längere Zeit ohne solche selbstlose Arbeit auskommen. Auch der Wohlfahrtsstaat läßt reichlich Raum für Caritas.

Kann der Liebesdienst aus unabhängiger Position erwiesen werden, gibt er kaum Rechtsprobleme auf. Doch das Bild der vornehmen Dame, die in ihrer freien Zeit Akte der Krankenpflege setzt, kann die Problematik der Caritas in der Gegenwart nicht ausdrücken. Ohne Institutionalisierung in Form von Berufen könnte alles selbstlose Helfen keine Breitenwirkung gewinnen.

Mit der Bindung an Berufe tritt aber auch das Arbeitsrecht ins Blickfeld. Wie jeder Lebensbereich unserer Massengesellschaft kommt auch die Hilfeleistung aus religiösen oder sonstigen karitativen Beweggründen nicht ohne Organisation und damit nicht ohne persönliche Abhängigkeit aus. Persönliche Abhängigkeit aber ist es, die eine Leistung von Diensten ins Arbeitsrecht weist[1].

Ob aber in erster Linie nicht erwerbsdienliche, überwiegend durch religiöse oder karitative Beweggründe bestimmte Beschäftigungen ins Arbeitsrecht gehören, ist lebhaft umstritten. Die Diskussion erfaßt Dienstleistungen von Ordensleuten und anderen Beschäftigten geistlichen Standes[2], dann die Arbeit von Weltleuten im kirchlichen Bereich[3], aber auch die Rechtsstellung der Schwestern vom Deutschen Roten Kreuz[4] und von

---

[1] Vgl. statt alier *Hueck-Nipperdey*, Lehrb. d. Arbeitsrechts I^7 (1963), 41 ff.

[2] Vgl. etwa *E. Hoyer*, Ordensrecht und Arbeitsrecht (1935); *Kalisch*, Ztschr. f. evang. Kirchenrecht 2 (1952), 24 ff.; *G. Müller*, Zum Recht des Ordensvertrages, 1956; *Jacobi*, Festschr. Nikisch (1958) 83 ff.; *W. Böcker*, Die Nachversicherung von ausgeschiedenen Mitgliedern geistlicher Genossenschaften, Kölner Diss. (1962), 36 ff.

[3] Vgl. *Kalisch* und *Jacobi* a.a.O., ferner *U. Schmadtke*, Arbeitsrecht im Bereich kirchlicher Selbstbestimmung, Mainzer Diss. 1950; *J. Röhling*, Die Autonomie der kath. Kirche ... und die besondere Stellung der kirchlichen Arbeitnehmer, Erlanger Diss. 1957; *Hofmeister*, Archiv f. kath. Kirchenrecht 117 (1937), 127 ff.

[4] Dazu speziell *Hellberg*, DAR 1942, 46; *Nikisch*, Festschr. *Hueck* (1959) 1 ff.

anderen Mitgliedsschwestern von Schwesternverbänden[5]; freie Schwestern und Lernschwestern geben ebenso Anlaß zu Unklarheiten. Neubildungen im Bereich der Sozialarbeit wie die Schaffung eines freiwilligen sozialen Ehrenjahres[6] oder die Errichtung von Friedenscorps werden sicherlich analoge Probleme aufwerfen.

Die Häufigkeit von Streitigkeiten über das Verhältnis des sozialkaritativen Arbeitsbereichs zum Arbeitsrecht[7] indiziert eine verwickelte Problematik. Kenner der Praxis werden kaum bestreiten können, daß der Geist der Nächstenliebe, der das Verhalten gegenüber den Hilfsbedürftigen prägt, bei internen Interessenkonflikten weit zurücktritt.

Echte Tragik, also eine Kollision legitimer Ansprüche, wird greifbar. Wer seine Arbeitskraft aus religiösen oder karitativen Beweggründen einsetzt und eine entsprechende Berufswahl trifft, handelt schon damit selbstlos. Reichtum oder auch nur Wohlstand winken in diesen Arbeitsbereichen gewiß nicht. Es fällt schwer, von der Selbstlosigkeit des so Handelnden auch noch zu fordern, daß er jenem Mindestmaß an Rechten entsagt, das sonst jeder abhängige Beruf dank der Arbeitnehmereigenschaft des Beschäftigten, dank der allgemeinen Rechte aller Arbeitnehmer gewährt.

Doch die Lage der Institutionen, die jene beschäftigen, die aus religiösen und karitativen Motiven arbeiten, fordert gleichfalls Verständnis[7a]. Immer schwerer fällt es ihnen, ihre Aufgaben zu erfüllen. Krankenpflege und Fürsorgearbeit kann Arbeitszeitverkürzungen oder Urlaubsverlängerungen nicht durch Rationalisierung Rechnung tragen. Das Sozialmodell unseres Arbeitsrechts hat die gerechte Verteilung des Produktionserfolges auf Arbeit und Kapital vor Augen; der Verteilung der Lasten des Dienstes am Kranken schenkt es viel weniger Aufmerksamkeit.

---

[5] Darüber *Trieschmann*, RdA 1955, 52 ff. und 458 ff.; *v. Maltzahn*, RdA 1955, 454 ff.; *Molitor*, bei *Kuhns*, Das gesamte Recht der Heilberufe (1958); Festschr. *A. Hueck* (1959) 93 ff.; *Savaète*, ArbuR 1959, 5 ff.; *v. Rehren*, Die arbeitsrechtliche Stellung von Krankenschwestern, Hamburger Diss. (1960); *Girgensohn*, Die arbeitsrechtliche Stellung der Krankenschwestern, Kölner Diss. (1962).

[6] Vgl. den Antrag der Fraktionen der CDU/CSU und FDP, Dt. Bundestag, 4. Wahlperiode, Drucksache IV/986, mit dem Entwurf eines Gesetzes zur Förderung eines freiwilligen Jahres; der Antrag sieht zwar Maßnahmen für einen sozialversicherungsrechtlichen Schutz vor, trägt aber nichts zur arbeitsrechtlichen Qualifikation des freiwilligen sozialen Dienstes bei. Der unter anderem ein Taschengeld zubilligende § 6 wäre durch eine solche klarstellende Qualifikation zu ergänzen.

[7] Vgl. für den kirchlichen Bereich VG Kassel (U. v. 20. 9. 1951) Kirch E 1, 185 ff.; LAG Kiel (U. v. 14. 11. 1951) Kirch E 1, 191 ff.; AP Nr. 4 zu § 5 ArbGG; VG Hannover (U. v. 17. 1. 1963) NJW 1963, II 2388 f.; für die Krankenschwestern AP Nr. 1 und Nr. 5 zu § 5 ArbGG; AP Nr. 1 zu § 618 BGB.

[7a] Vgl. *Trüb*, in: Das öffentliche Gesundheitswesen (hg. Daniels u. a.) II A (1964), 157 f.

So steht hier Not gegen Not. Und es sei offen gesagt: Es ist eine Schande für unsere Wohlstandsgesellschaft, daß sie gerade jenen unwürdige Bedingungen aufnötigt, die sich um Hilfe für die bemühen, die am Wohlstand keinen Anteil haben. Das krasse Schwarz-Weiß des Bildes vom reichen Prasser und vom armen Lazarus (Lk. 16, 19) wirkt da gar nicht übertrieben; ihm eignet vielmehr die Präzision eines photographischen Dokumentes.

Echte Problemlösungen können daher nur durch eine Korrektur der Verteilungsverhältnisse gelingen. Sie liegen also im Bereich der Sozialreform, der Rechtspolitik. Rechtstechnisch bieten sich zwei Wege an: 1. Den Institutionen des religiös-karitativen Arbeitsbereiches werden Mittel zugeführt, die reichlich genug sind, um ihren Beschäftigten den Status hochqualifizierter, gut entlohnter und sozial voll gesicherter Arbeitnehmer zu geben. 2. Die gebührende Stellung der religiös-karitativ Tätigen wird nicht mit den Mitteln des Arbeitsrechts, sondern durch Ausbildung spezifischer Rechtsformen — etwa unter Verwendung der Rechtsfigur der Mitgliedschaft — erreicht.

Ob man den einen oder den anderen Weg wählt, hängt vor allem von der Bewertung der Tauglichkeit der Ordnungsprinzipien des Arbeitsrechts ab. Soweit diese einen Interessengegensatz zwischen Arbeitgeber und Arbeitnehmer präsumieren, werden sie im religiös-karitativen Tätigkeitsbereich nicht als passend angesehen werden, ja manchmal sogar zur Entstehung derartiger Gegensätze beitragen. Doch wäre es gefährlich, eine totale Interessenharmonie vorauszusetzen, wenn diese in Wahrheit doch nicht besteht. Das Arbeitsrecht totalitärer Staaten mag hier als abschreckendes Beispiel dienen. Auch sollte nicht übersehen werden, daß sich im Arbeitsrecht, insbesondere im Anschluß an die Lehre vom personenrechtlichen Gemeinschaftsverhältnis, reichlich Ansätze zur Überwindung eines starren Interessenantagonismus finden. Daher möchte ich die potentielle Eignung des Arbeitsrechts zur Ordnung der religiös-karitativ akzentuierten Beschäftigungen durchaus bejahen.

Andererseits wäre es jedoch verfehlt, ausschließliche Eignung des Arbeitsrechts zur Regelung religiös-karitativer Arbeit zu behaupten. Namentlich im Rahmen geschlossener Lebensordnungen, wie wir sie bei kirchlichen Gemeinschaften antreffen, kann durch Autonomie eine andersartige, aber gleichwertige Problemlösung gewonnen werden. Ob auch ohne solche Verankerung im Religiösen, nur auf ethisch-humanitärer Basis ebenfalls Gemeinschaften von einer den Bedarf nach Arbeitsrecht erübrigenden Geschlossenheit gelingen können, scheint mir weniger sicher. Der Anspruch mancher weltlicher Schwesternschaften, ihrerseits durch Satzung objektives Recht zu gestalten, bedarf nicht nur der dogmatischen Deckung im öffentlichen Recht[8], sondern auch der Legitimation durch ausreichende Friedenswirkung der autonomen Ordnung. Alle Autonomie, die von einem Schwarm von Prozessen umgeben ist, gerät in Gefahr. Das vieldiskutierte Krankenhaus-Urteil AP Nr.15 zu § 1 KSchG[9] und neuerdings das BAG-Urteil AP Nr. 77 zu Art. 3 GG zeigen deutlich, daß es notwendig zu Friktionserscheinungen kommt, wenn eine wertakzentuierte Lebensordnung Personen erfaßt, die zu den Grundsätzen der die Wertung formenden Gemeinschaft nur eine lose Beziehung haben. Ausnahmen vom Arbeitsrecht zugunsten einer autonomen Ordnung können also nur dann befürwortet werden, wenn feststeht, daß eine durch gemeinsame Wertung verbundene Gemeinschaft bestimmte Prinzipien ihrer Arbeit und ihrer Organisation geschlossen und vorbehaltlos bejaht. Es wäre trügerisch, wollte man meinen, eine solche Haltung der autonomen Gemeinschaft erst durch die Ausnahme vom Arbeitsrecht erzeugen zu können.

Ist es auch Pflicht des Juristen, auf die Notwendigkeit reformatorischer Maßnahmen zugunsten des sozial-karitativen Arbeitsbereiches hinzuweisen, so geht es doch über seine Kräfte, allein mit dem Instrumentar der Jurisprudenz eine Problemlösung zu erreichen. Von noch so gründlichen Argumenten für oder gegen die Einbeziehung dieses Tätigkeitsbereiches ins Arbeitsrecht darf keine wesentliche Verbesserung der Verhältnisse erwartet werden. Wir haben ja eine Frage vor uns, die das Gemeinwohl und damit die Verantwortung der ganzen Rechtsgemeinschaft angeht. Der Jurisprudenz ist nur zweierlei möglich: Die Klarstellung des status quo und der Nachweis aller zur Wahl stehenden Wege künftiger Regelungsversuche.

Die aktuellen, in Prozeßform greifbar gewordenen Konflikte lenken den Blick auf die Berücksichtigung einerseits der Erwerbsabsicht, andererseits der ideellen Arbeitsmotive durch sondergesetzliche Arbeitnehmerbegriffe. Der bisher im Mittelpunkt der Diskussionen stehenden Frage, ob Abgrenzungen wie die des § 4 II BetrVG allgemeine Rechtsgedanken zum Ausdruck bringen, muß nachgegangen werden. Doch hat daneben die Frage zu stehen, ob sich nicht aus den Konstituanten des allgemeinen Arbeitnehmerbegriffes Kriterien gewinnen lassen, die dem Einwand unzulässiger Ausweitung von Spezialnormen nicht ausgesetzt wären. Eine solche generell gehaltene, von sondergesetzlichen Tatbeständen emanzipierte Konzeption erleichtert dann die Diskussion der Konkurrenz zwischen arbeitsrechtlichen und aus anderen Rechtsgründen (etwa aus dem Familienstand oder aus einer Mitgliedschaft) abgeleiteten Rechtsbeziehungen.

---

[8] Vgl. die Probleme um das Satzungsrecht des Roten Kreuzes, die in der Entscheidung des Bayerischen Verfassungsgerichtshofes v. 13. 4. 1962, AP Nr. 1 zu § 611 BGB Rotes Kreuz berührt werden.

[9] Dazu u. a. *Reuss*, RdA 1956, 159 und 210; *Frey*, Anm. in AP; *Hessel* BB 1956, 401.

Schon dieser Abriß der Disposition unserer Untersuchung zeigt, daß wir uns auf eine normative Betrachtung beschränken. Dem von Rechts wegen Gesollten, nicht dem tatsächlich Geübten gilt das Interesse. Analysen der inneren Verhältnisse von Institutionen, die sich mit sozial-karitativer Arbeit befassen, unterbleiben daher. Dies geschieht schon wegen der geringen normativen Bedeutung der Ergebnisse solcher Analysen; leider tritt die Weigerung mancher Institutionen, Einblick in ihre innere Ordnung zu gewähren, als weiterer Grund für die Beschränkung auf normative Aspekte hinzu. Der Versuch einiger sozial-karitativ ausgerichteter Institutionen, eine Art von Arkandisziplin auszubilden, indiziert übrigens eine wichtige Voraussetzung jeder Zulassung autonomer Gestaltungen an Stelle des staatlichen Arbeitsrechts: Die Eigenschaft der Publizität muß auch autonome Ordnungen auszeichnen; jeder Ansatz zur Verheimlichung einer internen Ordnung schließt deren Rechtserheblichkeit aus.

A. Sondergesetzliche Arbeitnehmerbegriffe:

a) Zur Problematik von Sondergesetzen

Als sich die spezifischen Fragestellungen des modernen Arbeitsrechts in der 2. Hälfte des 19. Jahrhunderts auszuprägen begannen, boten sich vier Wege der Problemlösung an[1]:

1. Richterliche Freiheit von Fall zu Fall, wie sie etwa der Freirechtsschule vorschwebte[2].
2. Ein mehr auf Rechtssicherheit denn auf Fallgerechtigkeit zielendes Richterrecht, das sich nach dem Vorbild anglo-amerikanischer leading cases an Präjudizien gehalten hätte.
3. Sondergesetzliche Lösungsversuche.
4. Eine kodifikatorische Ordnung.

Wären damals die Gerichte schon in jenem Maß zur Teilnahme an der Rechtsfortbildung bereit gewesen, das heute die Arbeitsgerichtsbarkeit auszeichnet[3], hätten richterrechtlich konzipierte Ordnungsversuche eine Chance gehabt. Da diese Bereitschaft zunächst fehlte, war es der Gesetzgeber, der gestaltend tätig wurde. Das Streben, durch Arbeiterschutz den Bestand der Gesellschaftsordnung zu sichern, ließ viele Sondergesetze ent-

[1] Vgl. *Mayer-Maly*, RdA 1964, 1.

[2] Vgl. neuestens G. *Böhmer*, Festschrift Dölle I (1963), 3 ff.

[3] Kritisch dazu *Ramm*, ArbuR 1963, 353 ff.; *Wieacker*, JZ 1963, 156 f. Doch gilt es, der durch § 45 II ArbGG herausgestellten Eigenart der Arbeitsgerichtsbarkeit gerecht zu werden; treffend daher *Dietz*, RdA 1963, 364.

stehen. Versuche, diese teils sammelnd und ordnend, teils reformierend in einer Kodifikation zu integrieren, blieben bisher immer erfolglos[4].

Daher rührt es, daß die Vorzüge und Nachteile jeder Regelung durch ein Bündel von Sondergesetzen den gegenwärtigen Stand des deutschen Arbeitsrechts charakterisieren. Zu den Vorzügen aller spezialgesetzlichen Regelung zählt ihre relative Fallgerechtigkeit. Stärker als jede Kodifikation, die notwendig abstrahierend-generalisierenden Tendenzen Raum gibt, kann das Sondergesetz der Eigenart einer Problematik Rechnung tragen. Erkauft wird dies durch das Risiko überflüssiger Differenzierungen[5], vor allem aber durch den Verlust der Übersichtlichkeit des Rechts. Hält man sich die Bedeutung der Zumutbarkeit von Rechtskenntnis[6] für die Legitimation des Prinzips, daß Rechtsunkenntnis nicht entschuldige, vor Augen, so muß man sagen: Der Preis ist zu hoch[7].

Die Relevanz der Erwerbsabsicht für den Arbeitnehmerbegriff zeigt die Gefahren der Entstehung eines Bündels reichlich heterogener Sondergesetze besonders deutlich. Immer wieder steht man vor der Frage, ob ein von einem Gesetz ausgesprochener Rechtsgedanke auch für andere Gesetze oder gar allgemein für das ganze Arbeitsrecht Beachtung verdient. Wir stoßen ja auf viele arbeitsrechtliche Sondergesetze, die den von ihnen erfaßten Beschäftigtenkreis überhaupt nicht näher begrenzen oder bei der Abgrenzung bloß einige Kategorien des allgemeinen Arbeitsrechts voraussetzen, ohne diese zu präzisieren.

b) Voraussetzung des Begriffes „Arbeitnehmer“

Ein lehrreiches Beispiel für ein den Arbeitnehmerbegriff einfach voraussetzendes Sondergesetz bietet das KSchG. Sein § 1 I bestimmt bekanntlich, daß eine Kündigung des Arbeitsverhältnisses gegenüber „einem Arbeitnehmer, der länger als sechs Monate ohne Unterbrechung in demselben Betrieb oder Unternehmen beschäftigt ist und das 20. Lebensjahr vollendet hat“, rechtsunwirksam ist, wenn sie sozial ungerechtfertigt ist. Der so als bekannt vorausgesetzte Begriff des Arbeitnehmers wird daher nur durch das Erfordernis der längeren Betriebszugehörigkeit und — leider! — des Mindestalters[8] sondergesetzlich modifiziert. Im übrigen kommt es

---

[4] Über die gegenwärtig wirksamen Bestrebungen *Herschel*, Betrieb 1959, 1440 ff.; *Schelp*, RdA 1960, 127 ff.; *Erdsiek*, NJW 1961, 647 ff.; *Schelp*, RdA 1962, 89 ff.

[5] Vgl. zur Zeitrechnung im Arbeitsrecht *Gschnitzer*, DRdA — Februar 1954 (10. Heft), 3 ff.

[6] Dazu eindrucksvoll *Schwind*, ÖJZ 1951, 369 ff.

[7] Vgl. *Mayer-Maly*, RdA 1964, 2.

[8] Nach Art. 7 § 23 Nr. 1 des Gesetzes Nr. 628 zur Einführung des AVAVG im Saarland (18. 6. 1958, Abl. S. 1249) beträgt dort das Mindestalter für den Kündigungsschutz 18 vollendete Lebensjahre.

darauf an, wer „im Sinne des allgemeinen Arbeitsrechts“[9] als Arbeitnehmer gilt. Die Problematik dieser Voraussetzung eines allgemein arbeitsrechtlichen Arbeitnehmerbegriffes liegt darin, daß dieser gar nicht zweifelsfrei feststeht[10]. So übertragen *A. Hueck, Auffahrt-Müller* und *Herschel-Steinmann* die in § 4 II d BetrVG statuierten Ausnahmen vom betriebsverfassungsrechtlichen Arbeitnehmerbegriff auf das KSchG[11]. Anders als *Dersch*[12] erblicken sie in diesen Ausnahmen einen allgemeinen Rechtsgedanken. Doch auch unter denen, die einen solchen allgemeinen Rechtsgedanken bejahen, herrscht Uneinigkeit. Diese hängt nicht nur mit der Diskussion über die Rechtsstellung der Schwestern vom Deutschen Roten Kreuz zusammen[13], sie erfaßt auch die Behandlung der durch Beweggründe künstlerischer oder wissenschaftlicher Art bestimmten Beschäftigungen[14].

Wird statt eines allgemein arbeitsrechtlichen Arbeitnehmerbegriffs der Begriff des Arbeitsverhältnisses von einem Sondergesetz vorausgesetzt, liegen die Dinge nicht anders. So übernimmt eine Regelung wie § 1 MuSchG („Dieses Gesetz gilt a) für Frauen, die in einem Arbeits-

---

[9] So *Auffahrt-Müller*, KSchG (1960) 65; ähnlich *A. Hueck*, KSchG[4] (1961) 46. Versuche, nicht auf einen allgemein arbeitsrechtlichen Arbeitnehmerbegriff zurückzugreifen, sondern aus Struktur und Teleologie des KSchG einen diesem eigentümlichen Arbeitnehmerbegriff zu entwickeln, sind bisher unterblieben. Sie wären meines Erachtens höchst bedenklich, da jeder Rechtsbegriff im Zweifel so zu verstehen ist, wie er in den grundlegenden Aussagen der Gesamtrechtsordnung konzipiert wird. — Eine Beurteilung des bloß vorausgesetzten Arbeitnehmerbegriffes nach allgemein arbeitsrechtlichen Grundsätzen fordert die Amtliche Begründung zu § 1 ArbnErfG; vgl. *Volmer*, ArbnErfG (1958) 63; *Volmer* a.a.O. 70 belegt die praktische Bedeutung der Frage durch den Hinweis auf die Erfindung des „Ozalid“ durch einen Mönch. Reichlich ungenau sagt er ferner, daß „Ordensangehörige (z. B. [!] Schwestern des Roten Kreuzes ...)“ nicht als Arbeitnehmer gelten.

[10] Kennzeichnend *A. Hueck* a.a.O. (über den Arbeitnehmerbegriff): „Er ist demgemäß in dem Sinn zu verstehen, wie er im allgemeinen im Arbeitsrecht üblich ist. Allerdings ist dieser Begriff nicht unbestritten.“ Sorgloser äußert sich *Kötter*, Mitbestimmungsrecht (1952) 10: „Arbeitnehmer sind die Arbeiter und die Angestellten. Der Begriff ist im Arbeitsrecht seit langem geklärt.“

[11] *A. Hueck*, KSchG[4] (1961) 50; *Auffahrt-Müller*, KSchG (1960) 71; *Herschel-Steinmann*[5] (1961) 71.

[12] AR-Blattei, Arbeitnehmer I, 2. Forts.-Blatt.

[13] *Herschel-Steinmann* a.a.O., verneinen, *Auffahrt-Müller* a.a.O. bejahen die Arbeitnehmereigenschaft der Rot-Kreuz-Schwestern.

[14] Anders als *A. Hueck* und *Auffarth-Müller* a.a.O. nehmen *Herschel-Steinmann* auch die zwar seinerzeit durch § 10 BRG, nun aber nicht mehr durch § 4 II d BetrVG erfaßten Beschäftigungen aus Beweggründen künstlerischer und wissenschaftlicher Art vom Arbeitnehmerbegriff aus. Die Lehre, aus betriebsverfassungsrechtlicher Sonderstellung könne ein allgemein arbeitsrechtlicher Rechtsgedanke abgeleitet werden, gerät eben bei jeder Modifikation ihres sondergesetzlichen Ansatzpunktes in Schwierigkeiten.

verhältnis stehen") alle Probleme, die das allgemeine Arbeitsrecht aufwirft. Wiederum geht es um die Stellung der Schwestern des Deutschen Roten Kreuzes[15], um Beschäftigungen künstlerischer und wissenschaftlicher Art[16]. Das Kindergeldgesetz stellt in § 2 II ähnlich wie das MuSchG auf die Beschäftigung auf Grund eines Arbeitsverhältnisses ab[17]. Ein Arbeitsverhältnis oder eine der Arbeitsleistung in einem Arbeitsverhältnis ähnliche Tätigkeit setzt § 1 I des Gesetzes über die Durchführung des Arbeitsschutzes (GVBl. 1953, 231) voraus.

c) Die Voraussetzung von drei Arbeitnehmerarten

Den Anschein einer gewissen Präzisierung ihres Arbeitnehmerbegriffes erwecken mehrere Sondergesetze, so das BUrlG und das ArbGG, aber auch das BetrVG dadurch, daß sie drei Arbeitnehmergruppen unterscheiden: Arbeiter, Angestellte und zu ihrer Berufsausbildung Beschäftigte. Das BUrlG und das ArbGG beziehen noch jene Personen in den Arbeitnehmerbegriff ein, die „wegen ihrer wirtschaftlichen Unselbständigkeit als arbeitnehmerähnliche Personen anzusehen sind[18]". Dagegen werden diese arbeitnehmerähnlichen Personen vom BetrVG nicht erfaßt; dieses will eben mehr der persönlichen als der wirtschaftlichen Abhängigkeit des Beschäftigten Rechnung tragen[19].

Anders als das BetrVG geben aber das BUrlG und das ArbGG keine weiteren Anhaltspunkte für die Abgrenzung des Arbeitnehmerbegriffes. *Dersch-Neumann*[20] sehen ganz richtig, daß daher die Unterscheidung von drei Arbeitnehmerarten keine nennenswerte Bedeutung erlangt. Sie bildet „nur die Klarstellung, daß diese Gruppen, die gemeinhin auch im Arbeits-

---

[15] *Bulla*, MuSchG (1954) 66 nimmt sie — im Gegensatz zu den Lernschwestern — vom Geltungsbereich des MuSchG aus.

[16] Ähnlich wie *Herschel-Steinmann* a.a.O. zum KSchG, hält hier *Bulla* a.a.O. 67 am Konzept des § 10 BRG fest; doch macht er immerhin den Vorbehalt, es sei im Einzelfall zu prüfen, ob das zu Studienzwecken eingegangene Arbeitsverhältnis nicht doch „die Voraussetzungen eines echten Arbeitsverhältnisses voll erfüllt".

[17] *Lauterbach-Wickenhagen*, Die Kindergeldgesetzgebung[2] Anm. 18 zu § 2 KGG wollen den Anspruch auf Kindergeld auch dem geben, der eine Arbeit „aus ideellen Beweggründen unentgeltlich leistet".

[18] § 2 BUrlG; § 5 ArbGG; vgl. auch § 1 lit b HausArbTG Hamburg.

[19] *Fitting-Kraegeloh-Auffarth*, BetrVG[6] (1962) 66 betonen die Freiheit der Arbeitseinteilung bei den nur arbeitnehmerähnlichen Personen. Auch das KSchG erfaßt die arbeitnehmerähnlichen Personen nicht, vgl. *Herschel-Steinmann*[5] (1961) 69; *A. Hueck*, KSchG[4] (1961) 49.

[20] BUrlG[3] (1963) 84; zu § 5 ArbGG sagt *G. Hueck* in *Hueck-Nipperdey*, Lehrbuch des Arbeitsrechts I[7] (1963), 841, A. 22 mit Recht, die Vorschrift enthalte „keine wirkliche Begriffsbestimmung".

recht als Arbeitnehmer angesehen werden, auch Arbeitnehmer im Sinne dieses Gesetzes sind". Wiederum stellt sich die Frage nach der Rechtsstellung von Krankenschwestern[21], alle übrigen Probleme des allgemein arbeitsrechtlichen Arbeitnehmerbegriffes kehren wieder[22]. Es ist daher kein Zufall, daß es meistens um § 5 ArbGG ging, wenn die Rechtsstellung von Rot-Kreuz-Schwestern zur Diskussion stand[23]. Dies zeigt deutlich, daß mit sondergesetzlicher Abgrenzung des Arbeitnehmerbegriffes (und damit für eine Klarstellung des Geltungsbereiches eines Sondergesetzes) nichts gewonnen wird, wenn keine präziseren Kriterien, insbesondere über die Relevanz der Erwerbsabsicht des Beschäftigten, geboten werden.

d) Sondergesetzliche Berücksichtigung der Erwerbsabsicht

Während, wie wir soeben gesehen haben, die bloße Aufgliederung der Arbeitnehmer in Arbeiter, Angestellte und zur Berufsausbildung Beschäftigte die sondergesetzliche Regelung nie von den Problemen und Streitfragen des allgemeinen Arbeitnehmerbegriffes zu lösen vermag, gewinnen jene Sondergesetze, die Fälle eines typischen Zurücktretens der Erwerbsabsicht erfassen, schärfere Konturen. Dabei kommt es durchwegs auf die Person des Arbeitnehmers an. Erwerbsstreben der Arbeitgeber bleibt irrelevant. In § 1 AZO wird das besonders deutlich: Auch wenn ein Betrieb „nicht mit der Absicht der Gewinnerzielung betrieben" wird, fällt er unter die AZO. Trotz dieser ausdrücklich erklärten Irrelevanz des Gewinnstrebens auf Arbeitgeberseite nimmt die Lehre einmütig die Arbeit im Familienverband und die Arbeit auf Grund religiöser Gelöbnisse vom Anwendungsbereich der AZO aus[24]. Für die Arbeitnehmerseite gelten eben andere Grundsätze als für die Arbeitgeberseite; dies ist im Hinblick auf die Lehre von *Nikisch*[25] über die Rechtsstellung der Rot-Kreuz-

---

[21] *Dersch-Neumann* a.a.O. 91 wenden das BUrlG zwar nicht auf Rot-Kreuz-Schwestern, wohl aber auf Lern- und Gastschwestern an, die sie zu den arbeitnehmerähnlichen Personen rechnen. Für Arbeitnehmerähnlichkeit von Diakonissen RAGE 12, 118; gegen Arbeitnehmerähnlichkeit von beschäftigten Insassen von Heilanstalten LAG Berlin 15. 10. 1959, 2 SHa 71/59, Entscheidungskalender — Berliner Arbeits- und Sozialrecht 18, 777 f.

[22] Vgl. *Dersch-Volkmar*, ArbGG[6] (1955) 218, die eine Übertragung der Ausnahmen von § 4 II BetrVG ablehnen und die Zuständigkeit der Arbeitsgerichte in der Regel wegen Arbeitnehmerähnlichkeit der in § 4 II BetrVG Genannten bejahen wollen. Zu § 2 BUrlG meint *Herbst* bei *Schelp-Herbst*, BUrlG (1963) 47, es sei unerheblich, daß das BUrlG nicht wie das BetrVG diesen (d. h.: in § 4 II d BetrVG genannten) Personenkreis ausdrücklich ausschließt.

[23] Vgl. AP Nr. 1 und Nr. 5 zu § 5 ArbGG, beide die Arbeitnehmereigenschaft verneinend.

[24] Vgl. statt aller *Denecke*, AZO[5] (1961) 60 f.

[25] Festschrift *Hueck* (1959) 1 ff.

Schwestern besonders zu beachten, da dies gegen eine Orientierung an Zielsetzungen von Schwesternorganisationen spricht.

Ob die Erwerbsabsicht vom Recht schon in all ihrer Subjektivität oder nur in Objektivierungen erfaßt wird, sei hier noch dahingestellt. Diese Frage kann nur durch eine eingehendere Analyse des normativen Gehaltes von § 4 II BetrVG und der damit verwandten Bestimmungen geklärt werden. Ehe aber diese Prüfung einsetzt, ist es geboten, einen Überblick über alle jene Vorschriften zu gewinnen, die der Erwerbsabsicht und ihren Konsequenzen Bedeutung einräumen.

Neben § 4 II d und e BetrVG und dem nicht völlig analogen § 3 III PersVG sind hier auch § 5 II f und g Schwerbeschädigtengesetz (SchwBG), § 15 II des Gesetzes über die Errichtung einer Arbeiterkammer für das Saarland (in der Fassung v. 15. 11. 1960, ABl. 1960, 879), § 3 V Z. 2 des Gesetzes über die Arbeitnehmerkammern im Lande Bremen (v. 3. 7. 1956, GBl. 1956, 79) und § 1 II Z. 1 JASchG. zu nennen. Die in § 4 II d und e verankerten Ausnahmen vom betriebsverfassungsrechtlichen Arbeitnehmerbegriff erweisen sich so als Zentrum eines Komplexes die Erwerbsabsicht oder ihre Auswirkungen ausdrücklich erfassender Bestimmungen. Dabei variiert die Intensität der Parallele zum betriebsverfassungsrechtlichen Modell. Die Regelung des SchwBG[26] gleicht in den Tatbestandsvoraussetzungen dem BetrVG aufs Haar, nur in den Funktionen stoßen wir auf einen Unterschied: Die Beschäftigungen mit zurücktretender Erwerbsdienlichkeit werden im SchwBG aus dem Kreis der eine Einstellungspflicht begründenden Arbeitsplätze ausgeschlossen. Bei engerer Verwandtschaft mit der Funktion des § 4 II BetrVG weichen die Gesetze über Arbeiterkammern von der Auswahl der ideellen Beweggründe des § 4 II d BetrVG ab. Das saarländische Gesetz nennt alle vier ideellen Beweggründe, die seinerzeit von § 10 II Z. 2 BRG erfaßt worden waren, das Gesetz Bremens läßt zwar die Beweggründe wissenschaftlicher Art fallen, hält aber an der vom BetrVG gleichfalls aufgegebenen Ausnahme für Beweggründe künstlerischer Art fest.

Wieder anders weicht § 3 III PersVG von § 4 II BetrVG ab. Die Bestimmung gibt, wie noch eingehender darzulegen sein wird, das Kriterium der primären Erwerbsdienlichkeit auf.

---

[26] Zu ihr etwa *Becker-Mikoleit*, SchwBG² (1962) 150 f., die Schwestern des Caritas-Verbandes, der Inneren Mission, des Deutschen Roten Kreuzes, des Bundes freier Schwestern, der Arbeiterwohlfahrt und des neuen Reichsbundes freier Schwestern zu den Arbeitnehmern rechnen wollen. Anders nun *Wilrodt-Neumann*, SchwBG² (1964) 147, die Rote-Kreuz-Schwestern nicht als Arbeitnehmer zählen; freie Krankenschwestern werden dagegen auch nach ihnen als Arbeitsplätze angerechnet. Der Zusammenhang des Arbeitnehmerbegriffes des Schwerbeschädigtenrechts mit dem betriebsverfassungsrechtlichen Arbeitnehmerbegriff wurde schon im Bescheid des Reichsarbeitsministers v. 26. 5. 1921, RABl. I 1921, S. 667 beachtet.

§ 1 II Z. 1 JASchG hat mit § 4 II BetrVG noch viel weniger gemein. Die Bestimmung[27] lautet: „Ausgenommen ist 1. eine Beschäftigung, mit der überwiegend Zwecke der Erziehung, der Heilung oder des Schulunterrichts verfolgt werden.“ Ähnlich wie nach § 4 II e BetrVG dominiert die Zielsetzung des Beschäftigen nicht; sie wird vielmehr mit der Ausrichtung einer Institution verflochten und gerät so in Zusammenhang mit der Erfassung von pädagogischen Tendenzen durch § 81 BetrVG. Da es auf Zweckverfolgung und nicht auf Bestimmung durch Beweggründe ankommt, ist für subjektiv orientierte Kriterien wenig Raum.

Einer vom Quantitativen ins Qualitative umschlagenden Potenzierung der Relevanz des Erwerbsstrebens begegnen wir dann, wenn ein Sondergesetz nur bei entgeltlicher Beschäftigung die Arbeitnehmereigenschaft bejaht. Dies ist beim Heimarbeiter der Fall, da nach § 2 I HeimArbG nur der, der g e w e r b l i c h arbeitet, als Heimarbeiter gelten kann. § 1 I des 1. Teilentwurfs der österreichischen Arbeitsrechtskodifikation[28] dokumentiert die Möglichkeiten der Verallgemeinerung solcher Konzeption zu wesentlicher Entgeltlichkeit des Arbeitsverhältnisses[29].

e) Arbeitnehmerbegriff und Beschäftigungsverhältnis

Der Grundtatbestand des Arbeitsrechts ist von dem des Sozialversicherungsrechts verschieden. Das Arbeitsrecht setzt ein Arbeitsverhältnis, nach herrschender Lehre auch einen Arbeitsvertrag voraus. Das Sozialversicherungsrecht dagegen knüpft an ein Beschäftigungsverhältnis an, dem trotz häufiger Konvergenz mit einem Arbeitsverhältnis dogmatische Eigenständigkeit zukommt[30]. Zieht man im Arbeitsrecht die Eingliederungstheorie vor, so kann man zwar eine Annäherung von Arbeitsverhältnis und Beschäftigungsverhältnis erreichen[31], eine völlige Angleichung der beiden Grundtatbestände bereitet aber auch dann erhebliche Schwierigkeiten[32]. Arbeitsverhältnisse außerhalb der Versicherungspflicht können

[27] Zu ihr besonders *Molitor-Volmer*, JASchG (1961) 80 f.; *Herschel-Stephany*, JASchG (1963) 27 f.

[28] RdA 1960, 448; dazu kritisch *Mayer-Maly*, JZ 1961, 557.

[29] Für das deutsche Recht behauptet bekanntlich *Schnorr v. Carolsfeld*, Arbeitsrecht² (1954) 9, wesentliche Entgeltlichkeit aller Arbeitsverhältnisse; wesentliche Entgeltlichkeit des BGB-Dienstvertrages lehren *Enneccerus-Lehmann*, Lehrb. d. bürg. Rechts¹⁵ (1958) 605; *Esser*, Schuldrecht² (1960) 576; *Larenz*, Lehrb. d. Schuldrechts II⁶ (1964) 186.

[30] Zur Dogmatik des Beschäftigungsverhältnisses nun vor allem *Riechels*, Ztschr. f. Sozialreform 1962, 1 ff.; 74 ff.; 144 ff.; 194 ff. usw. (in Fortsetzungen).

[31] Aufschlußreich das Erkenntnis des österreichischen Verwaltungsgerichtshofs v. 4. 12. 1957, Jur. Blätter 1958, 415 ff., das (S. 416) die Eingliederungstheorie am Beschäftigungsverhältnis „erprobt“.

[32] Vgl. aus der Diskussion vor § 4 II des österreichischen Allgemeinen Sozialversicherungsgesetzes *Butschek*, Das Dienstverhältnis als Grundlage der Versiche-

ebensowenig eliminiert werden wie Beschäftigungsverhältnisse ohne Arbeitnehmer: Zu disparat sind die für die Begriffsbildung ausschlaggebenden Rechtsfolgen. Doch darüber darf die Vielfalt der Beziehungen zwischen den Grundtatbeständen der beiden Hauptarten des sozialen Problemen gewidmeten Rechts nicht vernachlässigt werden. Nun erhebt sich insbesondere angesichts des § 5 BetrVG die Frage, ob nicht gerade die Berücksichtigung ideeller Motive durch Arbeitnehmerbegriffe eine engere Beziehung zwischen Arbeits- und Beschäftigungsverhältnis[33] zum Ausdruck bringt.

§ 5 BetrVG enthält Legaldefinitionen der Begriffe „Arbeiter" und „Angestellte", die auf sozialversicherungsrechtliche Abgrenzungen verweisen. Die geringe definitionstechnische Qualität dieser Aussagen, die nur vordergründige Anhaltspunkte geben[34], spielt in unserem Zusammenhang keine Rolle. Es geht ja lediglich darum, ob die Anerkennung oder Verneinung eines sozialversicherungsrechtlichen Beschäftigungsverhältnisses geeignet ist, arbeitsrechtliche Arbeitnehmerbegriffe zu gestalten. § 5 I BetrVG bestimmt nämlich, daß im Sinne des BetrVG der als Arbeiter gilt, der eine invalidenversicherungsrechtliche Beschäftigung ausübt, auch wenn der Beschäftigte selbst nicht versicherungspflichtig ist. In entsprechender Weise stellt § 5 II BetrVG für den Angestelltenbegriff auf das AngVG (nunmehr §§ 2 und 3) ab. Auch § 1 des Gesetzes über die Fristen für die Kündigung von Angestellten zieht die potentielle Versicherungspflicht zur Abgrenzung seines Anwendungsbereiches heran. Nun enthalten § 1227 I Z. 5 RVO und § 2 I Z. 7 AngVG die Bestimmung, daß

> „Mitglieder geistlicher Genossenschaften, Diakonissen, Schwestern vom Deutschen Roten Kreuz und Angehörige ähnlicher Gemeinschaften, die sich aus überwiegend religiösen oder sittlichen Beweggründen mit Krankenpflege, Unterricht oder anderen gemeinnützigen Tätigkeiten beschäftigen, ... wenn sie persönlich nach der Ausbildung neben dem freien Unterhalt Barbezüge von mehr als 75 DM monatlich erhalten".

versichert werden[35]. Wir haben also einen guten Teil jener Personen vor uns, bei denen das Zurücktreten der Erwerbsabsicht so große arbeits-

---

rungspflicht (1955), der sich S. 34 ff. auch mit dem Beschäftigungsverhältnis der RVO auseinandersetzt, und *Floretta*, DRdA März 1955 (16. Heft), 17 ff. Gegen beide Befürworter einer Angleichung der arbeits- und sozialversicherungsrechtlichen Grundtatbestände *Mayer-Maly*, DRdA 1956, 21 ff.

[33] Zu den schon gegebenen praktischen Verflechtungen besonders *Dersch*, Die Arbeiterversorgung 1938, 505 ff.; vgl. auch *Riechels*, a.a.O. 197 f.

[34] Vgl. *Fitting-Kraegeloh-Auffarth*, BetrVG[6] (1962) 77.

[35] Der Referentenentwurf (des Bundesministeriums für Arbeit und Sozialordnung) zur Neuregelung des Rechts der sozialen Krankenversicherung sieht als Neufassung des § 167, Z. 13 RVO vor: „(Versicherungsfrei sind) Mitglieder geistlicher Genossenschaften, Diakonissen, Schwestern vom Deutschen Roten Kreuz, Schulschwestern und ähnliche Personen, wenn sie sich mit Krankenpflege, Unterricht oder anderen gemeinnützigen Tätigkeiten beschäftigen und von ihrer

rechtliche Schwierigkeiten bereitet. Freilich weicht die Struktur dieser Bestimmungen von der des § 4 II BetrVG ab: Ein Hinweis auf die Erforderlichkeit einer Objektivierung von Beweggründen fehlt; dem Bedürfnis nach faßbaren Abgrenzungskriterien soll wohl schon durch die feste Grenze für Barbezüge Rechnung getragen werden. Die Gemeinnützigkeit einer Tätigkeit wird eher auf die Gemeinschaft, die sie trägt, als auf die einzelnen Beschäftigten zu beziehen sein.

Versteht man die Bestimmung des § 5 BetrVG als Teil der Abgrenzung des betriebsverfassungsrechtlichen Arbeitnehmerbegriffes, so bietet sich die These an, der betriebsverfassungsrechtliche Arbeitnehmerbegriff setze sozialversicherungsrechtliche Definitionen des Arbeiters und des Angestellten als Konstituanten voraus: Wer schon sozialversicherungsrechtlich nicht als Arbeiter oder als Angestellter gelte, falle auch nicht unter den Arbeitnehmerbegriff des BetrVG — es sei denn, er wäre nur zur Berufsausbildung beschäftigt. Demnach wären immer zweierlei Ausnahmen vom Arbeitnehmerbegriff zu untersuchen: Primär die sich aus der RVO ergebenden Ausnahmen, sekundär die aus § 4 II BetrVG abzuleitenden Ausnahmen. Etwa auf die Behandlung der Schwestern vom Deutschen Roten Kreuz oder einer verwandten Organisation angewandt, bedeutet das: Gilt eine Schwester schon nach § 1227 I Z. 5 RVO nicht als in der Rentenversicherung der Arbeiter versichert, so entfällt eine Prüfung der Frage, ob sie durch § 4 II d BetrVG vom betriebsverfassungsrechtlichen Arbeitnehmerbegriff ausgenommen wird.

Gegen die Annahme, die Abgrenzung des § 1227 RVO sei der Abgrenzung des § 4 II BetrVG vorgelagert, regen sich jedoch auch mancherlei Bedenken. So erhebt sich zum einen die Frage nach dem Sinn der Vorschrift des § 5 BetrVG, daß invaliden- oder angestelltenversicherungspflichtige Beschäftigungen auch dann die Arbeiter- oder Angestellteneigenschaft begründen, wenn die Beschäftigten selbst gar nicht versicherungspflichtig sind. Sind damit nur die Ausnahmetatbestände der §§ 1228 ff. RVO gemeint oder auch jene Grenzen der Versicherungspflicht, die sich schon aus § 1227 RVO ergeben?

Gemeinschaft Fürsorge im Krankheitsfall gewährleistet wird." Eine so konzipierte Abgrenzung kann auf das problematische Abwägen von Motivationen verzichten; sie wird Schwierigkeiten, wie sie derzeit aus § 172 I Z. 6 RVO erwachsen (vgl. das Material bei *Eisel-Fangmeyer-Hausherr-Meck,* Das Melde- und Beitragsrecht[2], 86 ff. zu 168—175 RVO), vermeiden können: Die Orientierung an der von der Gemeinschaft zu gewährenden Versorgung, die ähnlich in der Neufassung von § 541 I 3 RVO begegnet, entspricht einem auch zum Arbeitnehmerbegriff immer wieder ins Treffen geführten Rechtsgedanken, vgl. *Girgensohn* 66; *Molitor,* Festschr. Stohr II 232. Zur sozialversicherungsrechtlichen Behandlung der Rote-Kreuz-Schwestern neuestens *A. Richter,* Die Sozialgerichtsbarkeit 1963, 408 ff.

Zum andern ist zweifelhaft, ob § 5 BetrVG überhaupt der Abgrenzung des betriebsverfassungsrechtlichen Arbeitnehmerbegriffes dienen soll. Die Bestimmung könnte ja auch allein als Kriterium der betriebsverfassungsrechtlichen Grenzziehung zwischen Arbeitern und Angestellten sinnvoll gedeutet werden. Nicht der über § 5 BetrVG relevante § 1227 RVO bildet demnach eine Voraussetzung des § 4 BetrVG, sondern die Abgrenzung durch § 4 BetrVG erscheint als Prämisse der Unterscheidung in § 5 BetrVG. Für diese letztere Eventualität spricht die Entstehungsgeschichte des § 5 BetrVG: Das BRG stellte ja nur für den Angestelltenbegriff auf sozialversicherungsrechtliche Kategorien ab (§ 12), den Arbeiterbegriff entnahm es in § 11 dem allgemeinen Arbeitsrecht, da es alle „im Dienste anderer gegen Entgelt ... beschäftigten Personen" als Arbeiter ansah. Daher konnte die Arbeitnehmereigenschaft nicht aus der Arbeitereigenschaft abgeleitet werden. Vielmehr war von der durch § 10 BRG umrissenen Arbeitnehmereigenschaft auszugehen: „Wo die Arbeitnehmereigenschaft (§ 10) feststeht, die Angestellteneigenschaft nach § 12 aber zu verneinen ist, liegt Arbeitereigenschaft vor[36]."

Demnach erscheint es mir richtig, in § 5 BetrVG keine Konstituante des betriebsverfassungsrechtlichen Arbeitnehmerbegriffes zu sehen. Die Funktion der Orientierung an den Kriterien der Versicherungspflicht erschöpft sich in der Unterscheidung zwischen den zwei betriebsverfassungsrechtlichen Hauptgruppen der Arbeitnehmerschaft, den Arbeitern und den Angestellten. Zunächst ist daher im Hinblick auf § 4 BetrVG zu prüfen, ob jemand Arbeitnehmer im Sinne des BetrVG ist, dann erst kann untersucht werden, ob er die betriebsverfassungsrechtliche Stellung eines Arbeiters oder eines Angestellten hat.

B. Die Relevanz ideeller Arbeitsmotive im Betriebsverfassungs- und Personalvertretungsrecht:

a) Schlüsse aus der Entstehungsgeschichte des § 10 BRG

Vor allem im Bereich des Betriebsverfassungs- und Personalvertretungsrechts stoßen wir auf jene gesetzlichen Bestimmungen, die erwerbsdienliche und anders motivierte Beschäftigungen ausdrücklich konfrontieren. Schon wegen der so häufigen Versuche, aus diesen Bestimmungen eine allgemein-arbeitsrechtliche Maxime abzuleiten[1], ist es geboten, den Sinngehalt dieser Normen eingehend zu untersuchen.

---

[36] *Flatow-Kahn-Freund,* Betriebsrätegesetz[13] (1931) 97.

[1] Vgl. etwa *Nikisch,* Festschrift Hueck (1959) 4 f.

Die betriebsverfassungsrechtliche Sonderstellung religiöser und karitativer Beweggründe geht auf das Betriebsrätegesetz vom 4. 2. 1920 (BRG) zurück. Dessen § 10, Abs. 2 lautet[2]: „Nicht als Arbeitnehmer gelten

1. die öffentlichen Beamten und Beamtenanwärter,
2. Personen, deren Beschäftigung nicht in erster Linie ihrem Erwerb dient, sondern mehr durch Rücksichten der körperlichen Heilung, der Wiedereingewöhnung, der sittlichen Besserung oder durch Beweggründe karitativer, religiöser, wissenschaftlicher oder künstlerischer Art bestimmt wird."

In dem 1919 der Verfassunggebenden Deutschen Nationalversammlung vorgelegten Entwurf eines „Gesetzes über Betriebsräte" war noch keine besondere Behandlung solcher Motive vorgesehen. Erst im Ausschuß für soziale Angelegenheiten kam es zu einer entsprechenden Anregung[3]. Den Anstoß gab wohl die Frage, was für die Bethelschen Anstalten gelten sollte, in denen sich „Wandelnde Brüder" befanden, die dort geheilt werden sollten, aber teilweise zugleich gegen Entgelt beschäftigt wurden[4]. Aus der Sicht des BetrVG kann daher gesagt werden, daß dem Anliegen des § 4 II e BetrVG vor dem des § 4 II d Rechnung getragen wurde. Doch das gilt nur retrospektiv, bei der Arbeit am BRG behandelte man die beiden Ausnahmetatbestände noch gemeinsam. Der oben erwähnte Antrag stellte zunächst ganz auf das Fehlen einer Erwerbstendenz des Unternehmens ab. In der Redaktionskommission des Ausschusses bevorzugte man dann jedoch eine am Erwerb des Beschäftigten ausgerichtete Fassung. Wie *Flatow-Kahn-Freund*[5] treffend bemerken, liegt darin eine sachliche Änderung. Deren volle Bedeutung erhellt erst jetzt, da der eingehende und wirkungsstarke Beitrag von *Nikisch*[6] zur Diskussion um die Rechtsstellung von Rote-Kreuz-Schwestern vorliegt. Das Kernstück der Lehre von Nikisch ist ja, daß Nikisch die Prüfung der in § 4 II d BetrVG angeführten „Merkmale von der einzelnen Schwester auf die Schwesternschaft" überträgt[7]. Hält man sich vor Augen, daß der historische Gesetz-

---

[2] Zu dieser Bestimmung besonders *Feig-Sitzler*, Betriebsrätegesetz[9-10] (1922) 55 f.; *Flatow-Kahn-Freund*, Betriebsrätegesetz[13] (1931) 95 ff.; *Mansfeld*, Betriebsrätegesetz[2] (1930) 85 f.; *Stier-Somlo*, Komm. z. BRG (1921) 33 f.

[3] Nr. 1838 der Drucksachen der Nationalversammlung.

[4] Vgl. *Flatow-Kahn-Freund*, Betriebsrätegesetz[13] (1931) 95 f.; haltlos erscheint mir die Behauptung von *Girgensohn* 55, die „alte sozialistische Auffassung von der Arbeit als einer Ware, die der Arbeitnehmer verkauft, um von dem Erlös, dem Lohn, zu leben", habe zu § 10 II 2 BRG geführt.

[5] a.a.O. 96.

[6] Festschrift Hueck (1959) 1 ff.

[7] *Nikisch*, a.a.O. 8; Bedenken dazu schon bei *Girgensohn*, 34 ff., der aber die Bedeutung der Entstehungsgeschichte des § 10 BRG nicht würdigt.

geber des BRG, dessen Diktion das BetrVG weitgehend übernommen hat[8], zunächst ohnedies auf das Zurücktreten des Erwerbsstrebens des Beschäftigenden abstellen wollte, dann aber davon abging, um auf den Beschäftigten abzustellen, so ergeben sich starke Bedenken gegen die von Nikisch empfohlene Übertragung der gesetzlichen Merkmale von der Schwester auf die Schwesternschaft. Wenn auch die Schwesternschaft nicht ohne weiteres als Beschäftigender angesprochen werden kann, stehen ihre Funktionen denen des Beschäftigenden erheblich näher als denen eines Beschäftigten. So gut die seinerzeit zunächst erwogene Fassung des § 10 II 2 BRG zur Lehre von Nikisch gepaßt hätte, so bedenklich ist eine Orientierung an der Ausrichtung der Schwesternorganisation, wenn man von § 4 II d BetrVG auszugehen hat. Die Lösung vom Gesetzeswortlaut kann ja kaum mehr als den Intentionen des Gesetzgebers dienende Korrektur gerechtfertigt werden, wenn sie einmal als Rückgriff auf eine bei der Arbeit am Gesetzestext zwar erwogene, dann jedoch zugunsten einer anderen Lösung zurückgestellte Konzeption erwiesen wird.

b) § 4 und § 81 BetrVG

Die inneren Gründe dafür, daß des Beschäftigten und nicht des Beschäftigenden Erwerbsstreben beachtet wird, ergeben sich aus dem Verhältnis der Ausnahme vom betriebsverfassungsrechtlichen Arbeitnehmerbegriff zur Sonderstellung der Tendenzbetriebe. Bei diesen ist es ja gerade die Zielsetzung des Beschäftigenden, die zur Einschränkung der Anwendung des Betriebsverfassungsrechts führt. Diese Einschränkung erfolgt aber nicht durch Ausnahme vom betriebsverfassungsrechtlichen Arbeitnehmerbegriff, sondern durch Ausklammerung fest umrissener Teile des Betriebsverfassungsrechts. Eine derartige Berücksichtigung der Betriebstendenz war in der Ausschußarbeit zum BRG vor allem im Hinblick auf das Pressewesen beschlossen worden[9]; da somit das Zurücktreten des Erwerbsstrebens des Beschäftigenden durch die Ausnahme von bestimmten Teilen des BRG berücksichtigt wurde, war es schlechterdings ausgeschlossen, diesen Um-

[8] Daher kann der Versuch einer historischen Interpretation des § 4 II d BetrVG auch Schlüsse aus der Entstehungsgeschichte des BRG einbeziehen.

[9] Vgl. *Stier-Somlo*, a.a.O. 125; zur Funktion des § 67 BRG eingehend *Frey*, Der Tendenzbetrieb (1959) 11 ff. — § 67 BRG lautete bekanntlich: „Auf Betriebe, die politischen, gewerkschaftlichen, militärischen, konfessionellen, wissenschaftlichen, künstlerischen und ähnlichen Bestrebungen dienen, findet § 66, Z. 1 und 2 keine Anwendung, soweit die Eigenart dieser Bestrebungen es bedingt." In den Z. 1 und 2 des § 66 BRG war ausgesprochen worden, daß es in Betrieben mit wirtschaftlichen Zwecken eine Aufgabe des Betriebsrates sei, die Betriebsleitung durch Ratschläge zu unterstützen und an der Einführung neuer Arbeitsmethoden fördernd mitzuarbeiten.

stand auch noch durch Ausnahmen vom Arbeitnehmerbegriff zu honorieren. Für den Arbeitnehmerbegriff konnte es eben nur auf Zielsetzungen der Beschäftigten, nicht der Beschäftigenden ankommen.

Auch nun, auf der Grundlage des BetrVG, kann die Anlage der in § 4 II d und e ausgesprochenen Ausnahmen vom Arbeitnehmerbegriff nur dann richtig erfaßt und verstanden werden, wenn man den Systemzusammenhang mit der Regelung für Tendenzbetriebe[10] in § 81 BetrVG beachtet. Wir wollen daher von einer Konfrontation jener betriebsverfassungsrechtlichen Normen ausgehen, denen die Verankerung von Ausnahmen für ein Hervortreten nicht erwerbsgerichteter Bestrebungen gemeinsam ist.

§ 4 II BetrVG:

„Als Arbeitnehmer im Sinne dieses Gesetzes gelten nicht

a) ...
b) ...
c) ...
d) Personen, deren Beschäftigung nicht in erster Linie ihrem Erwerb dient, sondern vorwiegend durch Beweggründe karitativer oder religiöser Art bestimmt ist;
e) Personen, deren Beschäftigung nicht in erster Linie ihrem Erwerb dient und die vorwiegend zu ihrer Heilung, Wiedereingewöhnung, sittlichen Besserung oder Erziehung beschäftigt werden;
f) ...“

§ 81 BetrVG:

„Auf Betriebe, die politischen, gewerkschaftlichen, konfessionellen, karitativen, erzieherischen, wissenschaftlichen, künstlerischen und ähnlichen Bestimmungen dienen, finden die § 67 bis 77 keine Anwendung. Die sonstigen Bestimmungen dieses Gesetzes finden nur insoweit Anwendung, als nicht die Eigenart des Betriebs dem entgegensteht.
Dieses Gesetz findet keine Anwendung auf Religionsgemeinschaften und ihre karitativen und erzieherischen Einrichtungen unbeschadet deren Rechtsform.“

Die Konfrontation von § 4 und § 81 BetrVG zwingt zur Frage: Welchen Sinn soll die in § 4 II d vorgesehene Ausnahme vom betriebsverfassungsrechtlichen Arbeitnehmerbegriff haben, da doch durch § 81 BetrVG Religionsgemeinschaften und ihre karitativen und erzieherischen Institutionen völlig, andere religiös und karitativ ausgerichtete Betriebe teilweise vom Wirkungsbereich des Betriebsverfassungsrechts ausgenommen werden? Doch auch die Gegenfrage drängt sich auf: Welcher Raum bleibt im religiös-karitativen Arbeitsbereich für die von § 81 II BetrVG normierte Ausnahme von der wirtschaftlichen Mitbestimmung und von der Arbeit-

[10] Über diese außer *Frey*, Der Tendenzbetrieb (1959), auch *Löffler*, NJW 1954, 489 ff.; *Reuß*, RdA 1956, 210 ff.; *Neumann-Duesberg*, Betriebsverfassungsrecht (1960) 97 ff.; *Galperin-Siebert*, BetrVG[4] (1963) 726 ff.

nehmerbeteiligung im Aufsichtsrat, wenn schon die betriebsverfassungsrechtliche Arbeitnehmereigenschaft in Frage steht?

Da nicht anzunehmen ist, daß der Gesetzgeber die §§ 4 und 81 BetrVG so konzipiert hat, daß eine dieser Bestimmungen ins Leere geht, kann zu beiden Fragen nur die Antwort als richtig gelten, die beiden Bestimmungen des BetrVG einen sinnvollen Wirkungsraum beläßt. Betrachten wir von dieser Position aus das Verhältnis des § 4 II d BetrVG zu § 81 II BetrVG.

c) Die Arbeit in Religionsgemeinschaften und ihren karitativen und erzieherischen Einrichtungen

Neben der totalen Exemtion[11] der Religionsgemeinschaften und ihrer karitativen und erzieherischen Einrichtungen haben Ausnahmen vom Arbeitnehmerbegriff des BetrVG keinen Sinn. Daher entfällt für die Arbeit in Religionsgemeinschaften und ihren karitativen und erzieherischen Einrichtungen jede Prüfung des Verhältnisses zwischen Erwerbstendenz und ideellen Motiven. Auch der, der in der erzieherischen Einrichtung einer Religionsgemeinschaft nur um des Erwerbes willen arbeitet, unterfällt nicht dem BetrVG, da der ganze Betrieb aus dessen Geltungsbereich ausgenommen ist. Daraus folgt, daß § 81 BetrVG überhaupt nicht auf einem Zurücktreten des Erwerbsstrebens beruht.

Diese Erkenntnis führt zur Frage, welcher andere Rechtsgedanke die Norm des § 81 II BetrVG trage. Erst aus der Beantwortung dieser weiteren Frage kann die abschließende Begründung der Strukturunterschiede gegenüber § 4 II d BetrVG gewonnen werden.

Die völlige, das Verhältnis zwischen Erwerbstendenz und ideellen Motiven überhaupt nicht beachtende Exemtion vom BetrVG muß als Konkretisierung der durch Art. 140 GG rezipierten Maxime des Art. 137 III WRV[12] gewertet werden. Die arbeitsrechtliche Bedeutung dieser Maxime ist seit Jahren tieferem Verständnis erschlossen[13]. Die im staatlichen

[11] Bewußt gebrauche ich diesen für die mittelalterliche Verfassungsgeschichte so bedeutungsvollen Begriff; bei den damals ausgeprägten Ausnahmen von der Gerichtsbarkeit spielte die Anerkennung eines eigenen Wirkungsbereiches religiöser Verbände eine entscheidende Rolle.

[12] „Jede Religionsgesellschaft ordnet und verwaltet ihre Angelegenheiten selbständig innerhalb der Schranken des für alle geltenden Gesetzes. Sie verleiht ihre Ämter ohne Mitwirkung des Staates oder der bürgerlichen Gemeinde."

[13] Dazu *Kalisch*, Ztschr. f. evang. Kirchenrecht 2 (1952/3), 24 ff.; *Jacobi*, Festschrift Nikisch (1958) 83 ff.; *Molitor*, in: Universitas, Festschrift für Bischof Albert Stohr II (1960), 231 ff.; *Scheuermann*, Archiv f. kath. Kirchenrecht 130 (1961), 344 ff. — Zur Position des Art. 140 GG in der bundesstaatlichen Kompetenzverteilung sehr beachtenswert *H. Peters*, Festschr. Stohr II 223 ff.

Arbeitsrecht als Betriebsverfassungsrecht zusammengefaßte Materie bildet also in jenem Bereich, den § 81 II BetrVG abgrenzt, eine Angelegenheit der Religionsgesellschaften, die diese innerhalb der Schranken des für alle geltenden Gesetzes selbständig ordnen und verwalten. Der unmißverständliche Regelungsverzicht des BetrVG erübrigt eine Diskussion der Frage, ob die Ordnung der Betriebsverfassung zu den im Sinne von Heckel[14] für die Gesamtnation als Kultur- und Rechtsgemeinschaft unentbehrlichen Gesetzen zählt. Selbst dann, wenn man Heckels Lehre nicht folgt und jedes allgemein gestaltete Gesetz als Autonomieschranke ansieht, folgt ja aus § 81 II BetrVG, daß das BetrVG nicht für alle gelten soll, sondern Religionsgemeinschaften und ihre karitativen und erzieherischen Institutionen ausnimmt[15].

Die materiale Rechtfertigung der durch Art. 137 WRV und § 81 II BetrVG gewährten Autonomie liegt in der Ausübung der Befugnis zur eigenständigen Ordnung. Daher ist es von grundsätzlicher Bedeutung, daß in dem durch § 81 II BetrVG abgesteckten Bereich der Arbeitnehmermitbestimmung entsprechende Institutionen ins Leben gerufen werden[16]. Der Sinn aller Autonomie ist ja nicht das Fehlen von Recht, sondern die Bildung von Recht im kleineren Bereich.

d) Tendenzstreben und Erwerbsziel:

Bei der in § 81 I ausgesprochenen Beschränkung der Anwendung des BetrVG liegen die Dinge anders als bei der für Institutionen von Religionsgemeinschaften vorgesehenen Ausnahme. Es fehlt ja eine dem Art. 137 WRV irgendwie vergleichbare verfassungsrechtliche Verankerung der Sonderstellung von Tendenzbetrieben[17]. Daher gelangt man zur Frage, ob etwa ein Zurücktreten der Erwerbsabsicht die Sonderstellung der in § 81 I BetrVG genannten Betriebe begründet.

Wie schon betont wurde, muß davon ausgegangen werden, daß § 4 und § 81 BetrVG einander nicht überflüssig machen sollten. Nun nennt § 81 I auch religiöse und karitative Zielsetzungen als potentielle Merkmale eines Tendenzbetriebes. Sowohl gegenüber § 81 II wie gegenüber § 4 II d BetrVG muß eine Abgrenzung gefunden werden.

---

[14] Vgl. Verwaltungsarchiv 37 (1932), 283 f.

[15] Gäbe es aber den § 81 II BetrVG nicht, so müßte man sich bei dieser Frage zwischen Heckels Lehre und ihren Opponenten entscheiden.

[16] Vgl. im katholischen Bereich die Verordnung über die Einführung von Mitarbeitervertretungen bei den karitativen Einrichtungen im Bistum Mainz, Kirchl. Amtsblatt 102 (1956), Nr. 5 (1. 3. 1956) und dazu *Molitor* a.a.O. 234.

[17] Grundrechtsschutz für Tendenzen wird freilich von *Frey,* Der Tendenzbetrieb (1959) 180 ff. erwogen.

Das Verhältnis des religiös oder karitativ ausgerichteten Tendenzbetriebes zum Bereich des § 81 II BetrVG ist problemlos: Nur Betriebe, die nicht als Einrichtungen von Religionsgemeinschaften angesehen werden könnten, gehören in den Bereich der Ausnahme, die nur von der wirtschaftlichen Mitbestimmung und von der Arbeitnehmerbeteiligung am Aufsichtsrat gemacht wird.

Für die Abgrenzung gegenüber § 4 II d BetrVG ist es angebracht, sich die Konsequenzen der Ausnahme vom betriebsverfassungsrechtlichen Arbeitnehmerbegriff[18] zu vergegenwärtigen: An die Arbeitnehmereigenschaft sind unter anderem das aktive und das passive Wahlrecht zum Betriebsrat, das Recht zur Einbringung von Wahlvorschlägen und zur Wahlanfechtung und das Recht zur Teilnahme an Betriebsversammlungen geknüpft; die Voraussetzungen für die Errichtung eines Betriebsrates sowie andere zahlenmäßige Voraussetzungen betriebsverfassungsrechtlicher Rechte (so §§ 60 I, 66 II, 67, 72 BetrVG) stellen auf die Arbeitnehmereigenschaft, nicht auf die bloße Beschäftigung im Betrieb ab; diese hat nur in wenigen Fällen — so nach § 51 BetrVG — selbständige Bedeutung. Von einem Betrieb, in dem durchwegs unter § 4 II d fallende Beschäftigte arbeiten, kann daher getrost behauptet werden, daß das BetrVG auf ihn nicht zur Anwendung kommt. Um zu einer sinnvollen Abgrenzung zwischen den Anwendungsbereichen von § 4 II und § 81 I BetrVG vorzudringen, ist es demnach unerläßlich, jene Fälle aufzuspüren, in denen das Erwerbsziel der Arbeit noch so große Bedeutung hat, daß bloß der Mitbestimmungsausschluß und nicht die Ausnahme vom Arbeitnehmerbegriff eintritt. Gäbe es solche Fälle nicht, wäre § 81 I BetrVG sinnlos. Bisher hat man beim Tendenzbetrieb vor allem auf die ihn kennzeichnenden Idealmotive gesehen. Die Ausnahme karitativ und religiös ausgerichteter Beschäftigung vom betriebsverfassungsrechtlichen Arbeitnehmerbegriff zeigt jedoch — jedenfalls für religiös oder karitativ orientierte Betriebe — eine überraschend große Bedeutung der Erwerbsorientierung der in Tendenzbetrieben Beschäftigten auf: Dient deren Arbeit nicht ihrem Erwerb, so haben wir gar keinen Tendenzbetrieb, sondern einen praktisch überhaupt nicht unter das BetrVG fallenden Betrieb vor uns. Nichts anderes gilt, wenn die Erwerbstendenz so stark zurücktritt, daß die karitativen und religiösen Beweggründe überwiegen. Behauptet sich dagegen die Orientierung der Beschäftigung am Erwerb ebenbürtig neben den Idealmotiven oder ist sie sogar stärker wirksam als die karitativen oder religiösen Beweggründe, so liegt ein Tendenzbetrieb vor; in diesem Fall kommt das BetrVG zur Anwendung, nur die wirtschaftliche Mitbestimmung, die Arbeitnehmerbeteiligung im Aufsichtsrat und sonst der Eigenart von Tendenzbetrieben nicht entsprechende Regeln werden ausgeklammert.

---

[18] Zu ihnen schon *Girgensohn* 22 f.

Es gilt eben, scharf zwischen der Betriebstendenz und den Zielsetzungen der einzelnen Beschäftigten zu unterscheiden. Auch bei festgelegter Betriebstendenz kann der eine Beschäftigte rein auf Erwerb zielende, der andere ganz auf Idealmotiven beruhende Arbeit verrichten. Ich kann bei erzieherischer Arbeit nur um des Geldes willen arbeiten, so daß mir am pädagogischen Erfolg nur aus rein materiellen Gründen liegt. Der Gegenfall ist hoffentlich häufiger: Die nur auf religiösen Beweggründen beruhende Arbeit in Betrieben ohne alle ideellen Zielsetzungen begegnet etwa in Gestalt der französischen Arbeiterpriester. Dieses Beispiel zeigt zugleich, daß die betriebsverfassungsrechtliche Arbeitnehmereigenschaft nicht nur dann in Frage stehen kann, wenn wir auf die Rezeption einer Betriebstendenz durch die einzelnen Beschäftigten stoßen.

e) *Objektive und subjektive Faktoren in den Kriterien des § 4 II d BetrVG*

Die von § 4 II d BetrVG geforderte Abwägung legt die Frage nahe, ob es hier durchweg um Motivationen und andere subjektive Faktoren gehe oder ob auch objektive Abgrenzungskriterien angesprochen werden. Vielfach nimmt man an, daß es nur auf Beweggründe oder Absichten ankomme. Es wurde sogar behauptet, es „würde der subjektiven Fassung der Bestimmung entsprechen", die Beschäftigten „zu einer Äußerung über die Motive ihrer Tätigkeit zu veranlassen, um die Art der Motive und ihr Verhältnis zueinander feststellen zu können[19]". Die völlige Unverläßlichkeit der Ergebnisse eines solchen Unterfangens erscheint mir evident. *Girgensohn*[20], der einige der drohenden Schwierigkeiten andeutet, vermeint daher, man müsse eine Methode entwickeln, die einerseits der subjektiven Fassung des Gesetzes Rechnung trage, andererseits aber objektive Merkmale einführe, mit deren Hilfe die subjektiven Beweggründe und ihr Verhältnis zueinander ermittelt werden können.

Sieht man aber genauer auf den Aufbau des § 4 II d BetrVG, so erkennt man, daß diese Bestimmung neben subjektiven Faktoren auch objektive Elemente heranzieht. Die in vielen Bereichen der Rechtsgeschichte[21] und des geltenden Rechts[22] begegnende Verflechtung von

---

[19] *Girgensohn* 22.

[20] a.a.O. 22: Manche haben über ihre Motive noch nicht nachgedacht, andere werden sie ungern oder gar nicht eingestehen; ein Abwägen der Motive sei kaum durchführbar.

[21] Vgl. zu den Ersitzungsvoraussetzungen des klassischen römischen Rechts *Mayer-Maly*, Das Putativtitelproblem bei der usucapio (1962) 1 ff., und zum Verhältnis zwischen Konsensstörung und Leistungsbestimmung in der Lehre vom error einerseits *Mayer-Maly*, Mélanges Meylan (1963) 241 ff., andererseits *Wieacker*, ebenda 383 ff. — Das evolutionistische Vorurteil, daß alle Rechtsentwicklung von objektiven zu subjektiven Kriterien führe, trübt häufig unseren Blick für die von der Sachstruktur bedingten Verflechtungen.

Objektivem und Subjektivem entspricht auch hier der Natur der Sache. Die oben berührten praktischen Schwierigkeiten eines bloßen Abwägens von Motiven indizieren eben, daß die Rechtsordnung eine andere Problemlösung gebietet.

Schon die prinzipielle Selbstbeschränkung des Rechts auf die Regelung von äußerem Verhalten macht es unwahrscheinlich, daß es gerade für § 4 II d BetrVG nur auf völlig subjektive Kriterien ankommen sollte. In der Tat: Der eindeutige Gesetzestext weist objektiven Faktoren entscheidende Bedeutung zu.

Es soll ja gar nicht maßgeblich sein, ob der Erwerb einen Beweggrund der Beschäftigung bildet. Sogar die bislang (und auch weiterhin) gebrauchten Ausdrücke „Erwerbsstreben", „Erwerbsabsicht", „Erwerbstendenz" und „Erwerbsziel" treffen den Kern der Sache nicht. Es kommt nämlich einzig und allein darauf an, ob die Beschäftigung in erster Linie dem Erwerb dient[23]. Wenn es auch nicht schön ist, so sollte man, will man ganz exakt bleiben, immer nur von der „Erwerbsdienlichkeit" der Beschäftigung sprechen.

Ob eine Beschäftigung dem Erwerb dient, hängt nicht von der Willensbildung des Beschäftigten, auch nicht von der des Beschäftigenden ab. Ein objektiver Funktionszusammenhang entscheidet. Bewirkt eine Beschäftigung einen Erwerb des Beschäftigten, so dient sie dem Erwerb, wenn das Verhalten des Beschäftigten auf den Erwerbserfolg zielte.

Hält man sich diese völlig objektive Konzeption vor Augen, so wird man nicht mehr behaupten dürfen, § 4 IId BetrVG ordne eine Abwägung von Motivationen an. Die Berücksichtigung von Beweggründen des Beschäftigten erfolgt nur, wenn eine negative Voraussetzung feststeht — wenn die Beschäftigung nicht in erster Linie dem Erwerb dient[24]. Diese negative Voraussetzung ist objektiv konzipiert; daher kommt es nie zu einer Konfrontation von Beweggründen. Vielmehr wird der Anteil bestimmter Beweggründe geprüft, wenn eine negative objektive Voraussetzung eintritt. Was bedeutet diese Voraussetzung konkret?

---

[22] Vgl. zur Geltungstheorie als Überwindung des Gegensatzes zwischen Willens- und Erklärungstheorie etwa *Wieacker*, JZ 1953, 677 ff.; *Enneccerus-Nipperdey*, Lehrbuch des bürgerlichen Rechts[15] (1960) 1023 f.; zur Verbindung subjektiver und objektiver Elemente im Fahrlässigkeitsbegriff *Mayer-Maly*, AcP 163 (1964) 525 ff.

[23] Über den Sinn von „dienen" anregend *Frey*, Der Tendenzbetrieb (1959) 33 ff.

[24] Das PersVertrG hält es, wie alsbald noch zu besprechen ist, anders: Sein § 3 III stellt nur auf das Überwiegen der Bestimmung durch karitative oder religiöse Beweggründe ab und fordert derart sogleich eine Konfrontation mit der Erwerbsabsicht; die Bedeutung des Unterschiedes gegenüber dem BetrVG wird vielfach, z. B. von *Girgensohn* 24, unterschätzt.

Daß eine Beschäftigung in erster Linie dem Erwerb dient, wird man immer dann behaupten können, wenn sie dem Beschäftigten eine der marktgerechten Bewertung des Einsatzes seiner Arbeitskraft entsprechende Vergütung verschafft. Der Umstand, daß jemand, der im religiös-karitativen Bereich arbeitet, von seiner Arbeit lebt und oft noch Angehörige unterhält, ist denn auch schon oft hervorgehoben worden[25]. Allerdings wurde regelmäßig verkannt, daß die Erwerbsdienlichkeit der Beschäftigung von ihren Beweggründen unabhängig ist[26]. Auch eine nur aus religiösen und karitativen Beweggründen verrichtete Arbeit ist erwerbsdienlich, wenn sie ein normales Arbeitseinkommen verschafft. Beschäftigungen dieser Art können nicht durch § 4 IId BetrVG, sondern nur durch § 81 II BetrVG dem Betriebsverfassungsrecht entzogen werden.

Nicht in erster Linie erwerbsdienliche Beschäftigungen sind nicht schon deshalb aus dem BetrVG ausgeschlossen. Das Zurücktreten der Erwerbsdienlichkeit zeitigt für sich noch keine Rechtswirkungen. Erst wenn es zugunsten einer durch religiöse oder karitative Beweggründe bestimmten Tätigkeit erfolgt, gewinnt es Relevanz. Die Regelung des § 4 IId BetrVG spricht daher nicht dafür, daß Erwerbsdienlichkeit der Beschäftigung oder gar Erwerbsabsicht des Beschäftigten jedem Arbeitsverhältnis — und sei es auch nur im Sinne des BetrVG — wesentlich sei.

Auch das der Erwerbsdienlichkeit zu konfrontierende Kriterium ist nicht völlig subjektiv gehalten. Schon *Philipsborn*[27] hat gesehen, daß die Selbstlosigkeit karitativer Arbeit mehr ist als ein Motiv. Er bezeichnet sie als Wesensbestandteil solcher Tätigkeit, als Äußerung einer Lebensauffassung. Die rechtliche Relevanz solcher Qualifikation bedarf freilich eingehenderer Begründung. Wiederum gibt der Gesetzestext einen eindeutigen Hinweis:

---

[25] Besonders nachdrücklich *Trieschmann*, RdA 1955, 53 f.; 459.

[26] Das Mißverständnis geht bis auf *Feig-Sitzler*, Betriebsrätegesetz, Anm. 6 zu § 10 BRG zurück; deren Lehre, der Erwerbszweck dürfe nicht der wichtigste Grund für die Beschäftigung sein, führt sie schließlich dazu, auf die Freiwilligkeit des Anschlusses an karitative und religiöse Einrichtungen abzustellen — ein im Gesetzestext in keiner Weise angedeutetes Kriterium! Auch der Pförtner einer Krankenanstalt, den *Feig-Sitzler* mit Recht in den betriebsverfassungsrechtlichen Arbeitnehmerbegriff einbeziehen, arbeitet ja nicht unfreiwillig. Etwas objektiver sind die von *Stier-Somlo*, Kommentar zum BRG (1921) 33 formulierten Kriterien gehalten: Es wird darauf abgestellt, ob die Beschäftigung „in erster Linie aus Erwerbsgründen erfolgt" oder ob die Arbeit idealen „Zwecken gewidmet ist".

[27] Neue Ztschr. f. Arbeitsrecht 11 (1931), 24; zur Unterscheidung zwischen Motiv und Wesen der Arbeit nun aber *Scheuerle*, AcP 163 (1964) 435.

Nach § 4 II d BetrVG kommt es ja nicht einfach darauf an, ob religiöse und karitative Beweggründe vorliegen, sondern darauf, ob die Beschäftigung durch diese vorwiegend bestimmt wird. Die Orientierung an der Bestimmung durch Beweggründe gemahnt an die Umschreibung des Tendenzbetriebes durch § 81 I BetrVG. Dort wird ja darauf abgestellt, welchen „Bestimmungen" ein Betrieb dient[28]. So wie die Qualifikation eines Betriebes als Tendenzbetrieb auch objektive Kriterien berücksichtigen muß und sich nicht mit der Prüfung subjektiver Faktoren begnügen kann, so wirken auch auf die nach § 4 II d BetrVG zu konfrontierenden Idealmotive objektive Komponenten ein.

Die Ausnahme vom betriebsverfassungsrechtlichen Arbeitnehmerbegriff ginge sicherlich weiter, wenn in § 4 II d BetrVG der mit „sondern" eingeleitete Satzteil fehlte. Er beläßt zum einen die von anderen Idealmotiven bestimmten Beschäftigungen dem Bereich des Arbeitnehmerbegriffes des BetrVG, zum anderen weist er auch nicht vorwiegende Bestimmung durch religiöse und karitative Beweggründe ins BetrVG. Während die Abgrenzung der religiösen und karitativen Beweggründe zu anderen Idealmotiven wenig Schwierigkeiten macht, bedarf die Feststellung des Vorwiegens von religiösen und karitativen Beweggründen noch der Prüfung.

Ein wertendes Abwägen von Motiven, das wohl nur als Ermessensentscheidung vorstellbar wäre, ist — wie wir gesehen haben — gar nicht vorgesehen. Sowohl das in § 4 II d BetrVG zugrunde gelegte Überwiegen wie seinerzeit das „mehr" des § 10 BRG fordern eine quantitative Methode, fordern meßbare Kriterien. Jede andere Lösung würde gegen das Postulat der maximalen Voraussehbarkeit von Gerichtsentscheidungen verstoßen, bestenfalls hätte sie eine Ausbildung von präjudiziell fixierten Falltypen zur Folge, die bei allen neuartigen Problemkombinationen keine Lösung anbieten könnte. Stellt man dagegen mit dem Gesetzestext auf das quantitative Element des Überwiegens ab, so ergibt sich als Konsequenz der oben vorgetragenen Orientierung an der Erwerbsdienlichkeit: Liegt der Erwerbserfolg unter der Hälfte der den Verhältnissen am Arbeitsmarkt entsprechenden Bewertung der Arbeitskraft eines Beschäftigten, so ist zu prüfen, ob die Beschäftigung durch religiöse oder karitative Beweggründe bestimmt wird. Sind solche Beweggründe erweislich, so ist die betriebsverfassungsrechtliche Arbeitnehmereigenschaft zu verneinen, andernfalls aber immer zu bejahen. Ob durch die Beschäftigung eine Versorgung des Beschäftigten sichergestellt wird oder nicht, ist für das Betriebsverfassungsrecht de lege lata irrelevant[29]. Auch die Ver-

[28] Vgl. dazu besonders *Frey,* Der Tendenzbetrieb (1959) 37 f.

[29] Dies gegen *Fitting-Kraegeloh-Auffahrt,* BetrVG⁶ (1962) 73 f., die allzu stark auf die Leistungen der jeweiligen Versorgungseinrichtungen abstellen.

sorgung nicht voll sichernde Beschäftigungen können in erster Linie erwerbsdienlich sein. Angesichts der Fülle von Unsicherheiten und Streitfällen in der Abgrenzung des durch § 4 II d BetrVG erfaßten Personenkreises ist es geboten, sich genau an die vom Gesetzgeber gewählten Kriterien zu halten.

Weitere Schwierigkeiten ergeben sich aus der Häufigkeit „freier Station" (Unterkunft, Verpflegung, meist auch Berufskleidung) in Berufen, die durch religiöse und karitative Motive bestimmt werden. Zieht man lohnsteuer- oder sozialversicherungsrechtliche Grundsätze für die Bewertung solcher Sachleistungen des Beschäftigenden heran, so wird man oft zu einer Überschreitung der Hälfte des Normallohnes für derartige Arbeit gelangen, ohne daß jedoch die Erwerbsdienlichkeit dieser Arbeit einleuchtend bejaht werden kann: Gerade unter dem Aspekt des Erwerbes werten wir ja Geldzuwendungen ganz anders als die Gewährung freier Station. In diesem Zusammenhang ist auf den Begriff der „unmittelbaren Lebensbedürfnisse" hinzuweisen, den § 172 I Z. 6 RVO zum Rechtsbegriff erhebt[30]. Ähnlich stellt § 1227 I Z. 5 RVO den freien Unterhalt den Barbezügen gegenüber und fixiert für letztere eine Obergrenze (75,— DM) der Ausnahme von der Rentenversicherung. Auch im Bereich des Betriebsverfassungsrechts wird man daher nur jene Tätigkeiten als erwerbsdienlich ansehen dürfen, bei denen neben der freien Station ein Barbetrag ausbezahlt wird, dessen Höhe die eines Taschengeldes übersteigt. Dies ergibt sich auch aus der Konzeption des § 1227 I Z. 6 RVO, auf den hier wegen seines Zusammenhanges mit § 5 BetrVG zurückgegriffen werden kann. Keiner Gemeinschaft angehörige Personen, die für ihre durch religiös-karitative Beweggründe bestimmte Arbeit neben dem freien Unterhalt nur Barbezüge bis zu 75 DM erhalten, fallen zwar nicht unter § 1227 I Z. 6 RVO, die Erwerbsdienlichkeit ihrer Beschäftigung wird aber gleichfalls zu verneinen sein.

f) Sinngehalt der ideellen Motive

Viel einfacher als bei einer Konfrontation der Erwerbsdienlichkeit mit der Bestimmung durch religiöse und karitative Beweggründe liegen die Dinge bei der Abgrenzung der im Rahmen des § 4 II d relevanten Idealmotive. Religiös bestimmt ist jede Beschäftigung, die äußerer Ausdruck eines Glaubens ist. Dieser Grundsatz ergibt sich aus der Interpretation von Art. 4 I GG. Wie *Hamel*[31] treffend ausführt, zählen zum religiösen Bekenntnis nicht nur Predigt, An-

---

[30] Vgl. zur krankenversicherungsrechtlichen Behandlung der Schwestern vom DRK das Urteil des Hessischen Landessozialgerichts v. 9. 1. 1963, L 3 (6) Kr 37/60, in: KVRS I 1700/26.

[31] In: *Bettermann-Nipperdey-Scheuner*, Die Grundrechte IV (1960) 61.

betung und Liturgie, sondern auch Fürsorge für Arme und Kranke, für Notleidende aller Art. Alles dies, so sagt Hamel im Anschluß an *H. Peters*[32], ist nicht bloß Angelegenheit staatlicher Daseinsvorsorge; es geschieht, um die Liebe Gottes zu bezeugen.

Von dieser Position im Prinzipiellen her ergeben sich praktische Konsequenzen: Anders als nach § 81 II, auch anders als nach § 81 I BetrVG kommt es nach § 4 II d BetrVG nicht auf die Verbindung des Tätigen mit einer Religions gemeinschaft an. Auch der Ausdruck freireligiös-individueller Gläubigkeit wird erfaßt. Wohl aber muß ein Glaube, ja ein Glaube an etwas[33] wirksam sein. Humanitäre Motive eines Atheisten mögen als karitativ gelten, religiös sind sie nie.

„Karitative Beweggründe sind solche der freien Liebestätigkeit und Wohltätigkeit"[34]. Dieser zum BRG gefundenen Aussage entspricht es, wenn *Küchenhoff*[35] — freilich zu § 81 II BetrVG — „tätige Menschenliebe" als Merkmal der karitativen Arbeit bezeichnet. Während das Fehlen der objektiven Erwerbsdienlichkeit schon als negative Tatbestandsvoraussetzung zu prüfen war, gewinnt das Fehlen des subjektiven Strebens nach Erwerb, das Fehlen der Gewinnabsicht also[36], bei der Prüfung des karitativen Charakters eines Beweggrundes Bedeutung. Objektiv (mangels Erfolg) nicht erwerbsdienliche, wohl aber vom Gewinnstreben bestimmte Beschäftigungen berühren daher die betriebsverfassungsrechtliche Arbeitnehmereigenschaft nicht.

Ideelle Beweggründe voneinander abzugrenzen, ist nicht so einfach. Ob eine Arbeit mehr karitativ oder mehr religiös bestimmt ist, kann dahingestellt bleiben, da § 4 II d BetrVG keine unterschiedlichen Rechtsfolgen vorsieht. Wohl aber ist es unerläßlich, eine Grenze zu anderen ideellen Motiven zu finden. Es wäre völlig verfehlt, wollte man behaupten, eine analoge Anwendung des § 4 II d BetrVG könne auch bei anderen ideellen Motiven die betriebsverfassungsrechtliche Arbeitnehmereigenschaft ausschließen. Dies ergeben folgende drei Argumente:

1. Während in § 81 I BetrVG durch den Passus „und ähnlichen Bestimmungen[37]" analoge Phänomene erfaßt werden, fehlt in § 4 II d BetrVG ein Hinweis auf ähnliche Beweggründe.

---

[32] Verhandlungen d. Verein. Dt. Staatsrechtslehrer 11, 190. Vgl. auch *Böcker*, Die Nachversicherung von ausgeschiedenen Mitgliedern geistl. Genossenschaften usw. (Kölner Diss.) 1962, 61 f. über den Begriff der religiösen und sittlichen Beweggründe im Sinn der RVO.

[33] *Hamel*, a.a.O. 64.

[34] *Feig-Sitzler*, Betriebsrätegesetz [9-10] (1922) 56.

[35] Betriebsverfassungsgesetz (1954) 114.

[36] Über Gewinnstreben und Caritas vgl. insbesondere *Frey*, Der Tendenzbetrieb (1959) 50 ff.; 57 f.

[37] Zu diesem *Frey*, a.a.O. 60 ff.

2. Schon zu § 10 BRG wurde die Meinung vertreten, daß die dort statuierten Ausnahmen vom betriebsverfassungsrechtlichen Arbeitnehmerbegriff eng auszulegen wären[38].

3. In § 10 BRG waren neben den religiösen und den karitativen Beweggründen noch wissenschaftliche und künstlerische Motive genannt. Diese sind im Rahmen des BetrVG zwar nach § 81 I BetrVG, nicht mehr aber für die Bestimmung des Arbeitnehmerbegriffes relevant.

So steht fest, daß die nur von § 81, nicht auch von § 4 II d BetrVG berücksichtigten Beweggründe den Arbeitnehmerbegriff des Betriebsverfassungsrechts nicht berühren. Das gilt auch für die erzieherischen Bestrebungen, denen § 81 II BetrVG eine gewisse Sonderstellung zuweist.

g) Die Bedeutung von Idealmotiven für den Begriff des Bediensteten im Sinne des PersVG

Die in § 3 III a PersVG enthaltene Regelung weicht von § 4 II d BetrVG nicht unbeträchtlich ab. Die negative Voraussetzung der Ausnahme vom Arbeitnehmerbegriff entfällt: Auch eine Beschäftigung, die in erster Linie dem Erwerb dient, macht mitunter nicht zum Bediensteten. Das Überwiegen der Bestimmung durch Beweggründe karitativer und religiöser Art ist also auch dann relevant, wenn eine Beschäftigung in normalem Ausmaß erwerbsdienlich ist[39]. Damit verschiebt sich das Verhältnis zwischen objektiven und subjektiven Abgrenzungskriterien[40]. Freilich muß man deshalb nicht sogleich zu einer Konfrontation von Motiven übergehen. Das Moment des Bestimmt-Werdens rechtfertigt die Forderung nach Objektivierung der Motivation[41]. Dennoch ist die Entscheidung über

---

[38] *Feig-Sitzler*, Betriebsrätegesetz[9-10] (1922) 57 unter Berufung auf eine Stellungnahme des Reichsarbeitsministeriums v. 27. 3. 1920, I A 923. Auch in der Interpretation des österreichischen Betriebsrätegesetzes (v. 28. 3. 1947, öBGBl. 1947, Nr. 97) legt man die Ausnahmen vom Arbeitnehmerbegriff (§ 2) eng aus: *Floretta-Strasser*, Kommentar zum Betriebsrätegesetz (1961) 37.

[39] Treffend *Dietz*, Personalvertretungsgesetz (1956) 87: „Daß die Sicherung des Lebensunterhalts Voraussetzung für die Tätigkeit ist, schadet nicht"; bedenklich dagegen *Girgensohn*, 24, der einen sachlichen Unterschied zwischen § 4 II d BetrVG und § 3 III a PersVG bestreitet; besser spricht die Erwägung von *Girgensohn*, a.a.O. an, das Alimentationsprinzip des öffentlichen Dienstes habe dazu geführt, daß „der Erwerbszweck" (richtiger: die Erwerbsdienlichkeit) der Beschäftigung im PersVG übergangen wurde.

[40] Zu dieser Verschiebung trägt es bei, daß die für das BetrVG aus der Konfrontation von § 81 I und § 4 II d gewonnenen Argumente entfallen, da nur § 81 II BetrVG eine Entsprechung im PersVG (§ 96) hat.

[41] *Molitor*, Personalvertretungsgesetz[2] (1958) 68 fordert daher mit Recht, daß die Beweggründe karitativer oder religiöser Art nicht nur als Motiv wirksam waren; das Motiv muß nach *Molitor* „zum Gegenstand der Einstellungsvereinbarung geworden" sein. Um das gesetzliche Kriterium des Bestimmt-Werdens

das Überwiegen der Bestimmung durch Beweggründe karitativer und religiöser Art im Bereich des Personalvertretungsrechts erheblich schwieriger und weniger sicher. Ohne die Ausbildung von Falltypen durch die Praxis wird kaum auszukommen sein.

h) Beschäftigung zur Heilung, Wiedereingewöhnung, sittlichen Besserung oder Erziehung

Nicht auf die objektiven Beweggründe des Beschäftigten, sondern auf Zielsetzungen des Beschäftigenden kommt es für die Sonderstellung derer an, die zu ihrer Heilung, Wiedereingewöhnung, sittlichen Besserung oder Erziehung[42] beschäftigt werden. Die von Nikisch[43] auch für die Ausnahme karitativ und religiös motivierter Arbeit vom betriebsverfassungsrechtlichen Arbeitnehmerbegriff angenommenen Relevanz der Zielsetzung einer die Beschäftigung gestaltenden Institution wird hier — unseres Erachtens freilich nur hier — vom positiven Recht gefordert. Diese Bedeutung der Zielsetzung des Beschäftigenden kommt in der Formulierung des § 4 II e BetrVG noch stärker zum Ausdruck als in § 10 BRG, das auf „Rücksichten" abstellte. Doch schon bei der Interpretation des BRG sah man ganz auf den Beschäftigenden. Die Insassen von Krankenanstalten, Genesungsheimen, Kriegsbeschädigtenschulen, Trinkerheilstätten, Arbeiterkolonien, Fürsorgeerziehungsanstalten und Gefangenenanstalten waren gemeint[44]. Aus der Bedeutung der Zielsetzung gerade des Beschäftigten ergab sich, daß eine Beschäftigung von Anstaltsinsassen bei fremden Arbeitgebern nicht ohne weiteres gleichgestellt wurde[45]. Wer also, um sich zu heilen oder sich sittlich zu bessern, eine bestimmte Beschäftigung wählt und ausübt, kann nicht unter § 4 II e BetrVG fallen. In erster Linie

---

richtig zu würdigen, wird man es freilich wohl genügen lassen müssen, wenn der die Beschäftigung bestimmende Beweggrund in die Einstellungsvereinbarung konkludent aufgenommen wurde. Nur auf das Motiv sehen *Havers-Wenzel*, Personalvertretungsgesetz Nordrhein-Westfalen (1961) 90; zum Personalvertretungsrecht der Länder vgl. auch *Breu*, Bayerisches Personalvertretungsgesetz (1959) 26 (der *Trieschmann*, RdA 1955, 52 ff. folgen möchte, aber gegenüber der herrschenden Meinung resigniert) und *Engelhard-G. Ballerstedt*, Personalvertretungsgesetz Niedersachsen (1961) 65 f.

[42] Der pädagogische Akzent kann also im Arbeitsrecht mehrfache Wirkung herbeiführen: Will der Arbeitende erziehen, so kommt eine Anwendung von § 4 II d BetrVG in Betracht, wenn dies überwiegend aus karitativen oder religiösen Beweggründen geschieht. Soll ihn die Arbeit erziehen, fällt der Blick auf § 4 II e BetrVG. Überträgt dagegen der Beschäftigende seine pädagogische Tendenz auf den Beschäftigten, so geraten wir in den Bereich des § 81 BetrVG.

[43] Festschrift Hueck (1959) 1 ff.

[44] *Feig-Sitzler*, a.a.O. 56.

[45] *Feig-Sitzler*, a.a.O.; zu freien Arbeitsverhältnissen von Fürsorgezöglingen besonders *Teitge*, BABl. 1958, 67.

erwerbsdienliche Beschäftigungen berühren auch dann, wenn sie zur Heilung, Wiedereingewöhnung, sittlichen Besserung oder Erziehung erfolgen, die betriebsverfassungsrechtliche Arbeitnehmereigenschaft nicht. Ebenso wie zu § 4 II d BetrVG leite ich daraus ab, daß es bei der Prüfung des Vorwiegens anderer Beschäftigungsziele darauf ankommt, ob weniger als die Hälfte der marktüblichen Anteilsentlohnung gewährt wird. Im Bereich des Personalvertretungsrechts entfällt dieses Kriterium wiederum. Personen, die vorwiegend zu ihrer Heilung, Wiedereingewöhnung, sittlichen Besserung oder Erziehung beschäftigt werden, sind auch dann nicht Bedienstete im Sinne des § 3 PersVG, wenn ihre Beschäftigung erwerbsdienlich ist und sogar zu ganz normalen Erwerbserfolgen führt.

C. Enthält § 4 BetrVG den Ausdruck allgemeinerer Rechtsgedanken?

Immer stärker konzentrierte sich die Diskussion über die Behandlung von Arbeitsverhältnissen mit zurücktretender Erwerbsabsicht auf die Frage, ob in § 4 II d und e BetrVG ein allgemein arbeitsrechtlicher Rechtsgedanke seinen Ausdruck finde oder ob es sich um eine betriebsverfassungsrechtliche Spezialnorm handle. Die Anhänger der Annahme eines allgemeinen Rechtsgedankens sind in der Überzahl. Besonders entschieden hat *A. Hueck* Stellung genommen: Schon in der 1. Auflage des Lehrbuchs des Arbeitsrechts von *Hueck-Nipperdey*[1] rechnete er alle in § 10 II Z. 2 BRG genannten Personen n i c h t zu den Arbeitnehmern; dabei wurde gesagt, dies ergebe sich aus dem allgemeinen Arbeitnehmerbegriff[2]. Die ausdrückliche Behauptung, § 10 II Z. 2 BRG gelte auch außerhalb des Betriebsverfassungsrechts, wurde jedoch vermieden. Ihr näherte sich *A. Hueck* erst durch seine Anmerkung zum Urteil des RAG vom 10. Juli 1931[3]. Dort sagt er von den in § 10 II Z. 2 BRG aufgezählten Personen: „Sie unterliegen also nicht nur, was ja ohne weiteres sich aus dem Gesetz ergibt, nicht den Vorschriften des BRG, sondern auch im übrigen sind die Regeln des Arbeitsrechts im allgemeinen nicht auf sie anwendbar". Daraus erwuchs der erstmals in der 6. Auflage des Lehrbuches[4] aufscheinende Satz über die Rechtsstellung der nun durch § 4 II d und e BetrVG Erfaßten: „Die genannten Personen sind deshalb nicht nur, was § 4 BetrVG ausdrücklich bestimmt, keine Arbeitnehmer im Sinn des BetrVG,

---

1 *Hueck-Nipperdey*, Lehrb. d. Arbeitsrechts I^{1} (1928) 45; ebenso I^{3-5} (1931) 51.

2 a.a.O. I^{3-5} (1931) 47.

3 ARS 12, Nr. 118, S. 451 f.; da *Hueck-Nipperdey* I^{3-5} die Judikatur und Literatur nur bis zum 1. 12. 1930 berücksichtigt haben (S. IX), enthält die Anm. v. *A. Hueck* eine jüngere Fassung.

4 I^{6} (1957) 49.

sondern sie sind grundsätzlich überhaupt nicht als Arbeitnehmer anzusehen."[5]

Nikisch gelangte durch eine Revision seines Standpunktes, die unverkennbar mit seiner Analyse der rechtlichen Stellung der Rot-Kreuz-Schwestern[6] zusammenhängt, zu einer stärker pointierenden Argumentation. Die 2. Auflage seines Arbeitsrechts hatte nur für die in § 4 II e BetrVG genannten Beschäftigungen, nicht auch für den Bereich des § 4 II d BetrVG die Anwendbarkeit des allgemeinen Arbeitsrechts verneint. Den Unterschied begründete *Nikisch* scharfsinnig damit, daß mit lit. e eine „Folgerung aus dem Wesen des Arbeitsverhältnisses" gezogen werde[7], während in lit. d ausnahmsweise das Motiv Berücksichtigung finde[8]; dies aber dürfe „nicht ohne weiteres verallgemeinert werden"[9].

Nunmehr lehrt *Nikisch*[10], in § 4 II e u n d d BetrVG werde ein Rechtsgedanke von allgemeiner Gültigkeit ausgesprochen. Ein klug gewählter Vorbehalt läßt es offen, ob sich schon der Gesetzgeber des BRG „auf eine allgemeine Rechtsanschauung berufen konnte oder ob die damals getroffene Bestimmung ihrerseits die spätere Begriffsbestimmung beeinflußt hat"[11]. In der Tat ergibt eine Musterung früher Stellungnahmen zu unserem Problemkreis, daß zunächst auch jene, die bei zurücktretender Erwerbsabsicht die allgemein arbeitsrechtliche Arbeitnehmereigenschaft verneinten, die These vermieden, die betriebsverfassungsrechtlichen Ausnahmen seien Ausdruck eines allgemeinen Rechtsgedankens. Kam man auch zu jenem Ergebnis, für das heute die von *A. Hueck* und *Nikisch* geprägte und als herrschend anzusehende Meinung eintritt, so ging die Begründung doch andere Wege als über die Verallgemeinerung des § 10 BRG[12].

---

[5] So nun auch *Hueck-Nipperdey*, a.a.O. I^7 (1963) 55.

[6] Festschrift Hueck (1959) 1 ff.

[7] *Nikisch*, Arbeitsrecht I^2 (1955) 104.

[8] *Nikisch*, a.a.O. I^2 103.

[9] *Nikisch*, a.a.O. I^2 104; diesem von Nikisch heute aufgegebenen Argument kann freilich entgegengehalten werden, daß es nach § 4 II d BetrVG nicht schlechthin auf das Maß des Bestimmt-Seins durch gewisse Beweggründe ankomme. Je objektiver die Ausnahme vom betriebsverfassungsrechtlichen Arbeitnehmerbegriff konzipiert wird, um so eher kann sie auf das allgemeine Arbeitsrecht übertragen werden.

[10] Arbeitsrecht I^3 (1961) 118. Auch *Esser*, Schuldrecht[2] (1960) 576 führt alle Fälle von § 4 II d und e BetrVG an, um die wesentliche Entgeltlichkeit des BGB-Dienstvertrages zu belegen.

[11] Festschrift Hueck (1959) 4.

[12] Insofern ist gegenüber den Zitaten „zustimmender" Äußerungen bei *Hueck-Nipperdey* I^7 55, A. 70 und *Nikisch*, Arbeitsrecht I^3 (1961) 118, A. 98 Vorsicht geboten.

Der vielzitierte Bescheid des Reichsarbeitsministers vom 12. Oktober 1920[13] galt einer Anfrage über die rechtliche Stellung der Rot-Kreuz-Schwestern nach dem BRG. Was er über die allgemeine Arbeitnehmereigenschaft dieser Schwestern aussagt, ist daher nur obiter dictum. Doch auch dieses obiter dictum enthält keine ausdrückliche Verallgemeinerung des § 10 BRG, sondern nur die (anscheinend beifällige) Wiedergabe einer Äußerung der Abteilung für soziale Fürsorge. Nicht genug damit: die zitierte Äußerung beschränkt sich darauf, ein Arbeitsverhältnis der Schwestern zu d e r Stelle, an der sie beschäftigt sind, zu verneinen. Über den Charakter des Rechtsverhältnisses der Schwestern zum Mutterhaus wird nur gesagt, daß die Schwestern ausschließlich zu ihrem Mutterhaus in einem Rechtsverhältnis stehen. Ob dieses arbeitsrechtlicher oder anderer Natur ist, wurde im Bescheid von 12. Oktober 1920 gar nicht erörtert[14]. Auch der über die Rechtsstellung der Schwestern des Johanniterordens ergangene Bescheid des Reichsarbeisministers vom 26. Mai 1921[15] galt nur den sondergesetzlichen Arbeitnehmerbegriffen des SchwBeschGes und des BRG.

Daß die Arbeitnehmerdefinition des § 10 BRG nur beschränkte Bedeutung in Anspruch nehme, wurde im Jahre 1926 von *Molitor* ausdrücklich anerkannt[16], als dieser „im allgemeinen" die Arbeitnehmereigenschaft der von § 10 BRG genannten Personen verneinte[17]. Molitors Argumentation zielte eben nicht auf Verallgemeinerung betriebsverfassungsrechtlicher Ausnahmen, sondern beruhte auf selbständigen, allgemein-arbeitsrechtlichen Erwägungen, insbesondere auf dem Kriterium, daß die Arbeit „für andere" und nicht zur Erfüllung eigener Fortbildungsziele oder eigener Idealmotive geleistet werden müsse, wenn jemand als Arbeitnehmer gelten soll. An dieser Konzeption hat Molitor auch in seiner Schrift „Arbeitnehmer und Betrieb" festgehalten[18].

Philipsborn[19] stellte dagegen viel stärker auf die Frage ab, ob Bestimmungen wie § 10 BRG „Ausnahmevorschriften sind, die über ihren

---

[13] RABl. 1921 (Okt. 1920 — Dez. 1921), Amtl. Teil, S. 250.

[14] Nicht zutreffend daher das „ebenso" von *Nikisch*, Arbeitsrecht I[3] (1961) 118, A. 98 und *Molitor*, Anm. zu AP 53, Nr. 222 („in letzterem Sinne" S. 366 oben).

[15] RABl. 1921, Amtl. Teil, S. 667.

[16] *Molitor*, Das Schlichtungswesen 8 (1926) 6.

[17] Allerdings zitiert *Molitor* schon hier (a.a.O. S. 7) den Bescheid des Reichsarbeitsministers v. 12. 10. 1920 dafür, daß Krankenschwestern und Diakonissen überhaupt keine Arbeitnehmer seien.

[18] Das bei *Hueck-Nipperdey*, Lehrbuch I[7] (1963) 55, A. 70 und bei *Nikisch*, Arbeitsrecht I[3] (1961) 118, A. 98 begegnende Zitat von *Molitor*, Arbeitnehmer und Betrieb (1929) 28 deckt daher nur das Ergebnis, nicht die Begründung.

[19] Neue Zeitschrift für Arbeitsrecht 1931, 23.

eigentlichen Gegenstand hinaus keine Bedeutung haben, oder ob sie der Ausdruck des allgemeinen Grundsatzes sind, daß die karitativ tätigen Personen dem Arbeitsrecht überhaupt nicht angehören". *Philipsborns* Behauptung eines allgemeinen Rechtsgrundsatzes gewann starken Einfluß[20]. Sie wirkt auch in der geschickt gefaßten Konzeption des BAG, AP Nr. 1 zu § 5 ArbGG, nach: „Wenn die Bestimmung des § 4 Abs. 2 Buchst. d BetrVG auch nicht unmittelbar auf die Vorschrift des § 5 ArbGG anzuwenden ist, die ihrerseits einen selbständigen Arbeitnehmerbegriff enthält, so gibt sie doch einen beachtlichen Hinweis auf einen Rechtsgedanken, der allgemeine Gültigkeit zu beanspruchen hat." Wie wir alsbald noch besser erkennen werden, liegt der Vorzug dieser Konzeption in der Vermeidung der These, die Abgrenzung des § 4 II d BetrVG müsse auf das ganze Arbeitsrecht übertragen werden.

Auch im Kreis jener Stimmen, die für die allgemein-arbeitsrechtliche Arbeitnehmereigenschaft der Rot-Kreuz-Schwestern und verwandter Personen eintraten, wurde erst relativ spät erfaßt, daß es zunächst um eine Ausweitung betriebsverfassungsrechtlicher Ausnahmen geht. Jeder Begründung entbehrt die Ansicht von *Aubele*[21], die in § 10 II Z. 2 BRG genannten Personen wären Arbeitnehmer im Sinne des § 5 des Entwurfs eines Arbeitsgerichtsgesetzes. Auch *Jacobi*[22], der die Frage unter dem Aspekt der Berufsmäßigkeit der Arbeit anschnitt, unterließ eine Diskussion der Ausweitungsfähigkeit des § 10 BRG. Dagegen ging jenes Urteil des RAG, das Philipsborns Aufsatz über die arbeitsrechtliche Sonderstellung karitativ tätiger Personen auslöste[23], näher auf diese Frage ein: Das RAG stimmte dem Berufungsgericht (LAG Duisburg) darin bei, daß „aus der Vorschrift des § 10 BRG ebensowenig wie aus § 172 Z. 4 RVO etwas für den Begriff des Arbeitnehmers zu entnehmen ist"[24]. Ohne sich auf dieses Urteil zu berufen, gaben *Kaskel-Dersch*[25] zu erkennen, daß sie in den Sondervorschriften der RVO und des BRG nur Ausnahmen von der allgemein arbeitsrechtlichen Irrelevanz aller Motivation erblickten (während sie a. a. O. S. 23 in den Ausnahmen, die in den §§ 10 Nr. 1 BRG und 5 Abs. 2 ArbGG für öffentliche Beamte vorgesehen waren, den Ausdruck eines allgemeingültigen Grundsatzes erblickten). So heißt es nun in der 5. Auflage von *Kaskel-Dersch*: „Solche

---

[20] Vgl. die Nachweise bei *Savaète,* ArbuR 1959, 7, Anm. 3 und besonders *Molitor* in der Anm. zu AP 53, Nr. 222, der aber Philipsborns Einfluß wohl etwas überschätzt.

[21] Leipziger Zeitschrift für deutsches Recht 1926, 97.

[22] Grundlehren des Arbeitsrechts (1927) 64, besonders Anm. 84.

[23] U. v. 4. 12. 1929, ARS 8, Nr. 11, S. 45 ff.

[24] So ARS 8, S. 49; Zustimmung in der Anm. von *Gerstel,* Kritik in der Anm. von *A. Hueck.*

[25] Arbeitsrecht (1932) 22, Anm. 3.

Sonderregelungen gelten aber nur für den Geltungsbereich des betreffenden Gesetzes und können nicht verallgemeinert werden."[26]

In der neueren Judikatur[27] und in der literarischen Diskussion[28] trat dagegen der Gedanke, betriebsverfassungsrechtliche Ausnahmen seien nicht erweiterungsfähig, auch dann stärker zurück, wenn die Arbeitnehmereigenschaft von Personen in karitativen Berufen bejaht wurde. *Girgensohn*, der schließlich die Arbeitnehmereigenschaft von Krankenschwestern nur dann verneint, wenn ihr Barentgelt ein geringfügiges Taschengeld nicht überschreitet, ihre Versorgung durch einen Schwesternverband sichergestellt ist und sie in innerer Verbundenheit in einer Gemeinschaft mit grundsätzlich lebenslanger Bindung und uneingeschränkter Gehorsamspflicht leben, akzeptiert es sogar ausdrücklich, daß in § 4 BetrVG und § 3 PersVG allgemeine Rechtsgedanken zum Ausdruck kommen[29]. Die zur Bejahung der Arbeitnehmereigenschaft führenden Argumente werden dann anders als bei *Kaskel-Dersch* a. a. O. nicht aus einem Umkehrschluß gewonnen.

Man bliebe in der Tat an der Oberfläche, wollte man die Problematik der allgemein arbeitsrechtlichen Qualifikation von Arbeitsverhältnissen mit zurücktretender Erwerbsabsicht allein unter dem Aspekt der Erweiterungsfähigkeit sondergesetzlicher Ausnahmen sehen. Allzu leicht gerät man in die Ausweglosigkeit des berüchtigten Schaukelns zwischen Analogie und Umkehrschluß. Kompliziert wird diese Problematik überdies durch die sich immer deutlicher abzeichnenden und meines Erachtens durchaus beifallswürdigen Korrekturen, die die gemeinrechtliche Parömie singularia non sunt extendenda heute erfährt[30]. Im Anschluß an *Engisch*[31] ist diese Parömie nur als Hilfsmittel einer vertieften Erfassung der

---

[26] *Kaskel-Dersch*, Arbeitsrecht[5] (1957) 24.

[27] Vgl. AP 1953, Nr. 143 und 222 sowie AP Nr. 5 zu § 5 ArbGG.

[28] Insbesondere in der Kontroverse zwischen *v. Maltzahn*, RdA 1955, 454 ff. und *Trieschmann*, RdA 1955, 52 ff.; 458 ff.; vgl. ferner *Savaète*, ArbuR 1959, 5 ff. Anders *v. Rehren*, Die arbeitsrechtliche Stellung von Krankenschwestern, Hamburger Diss. (1960) 23 f., der sich wegen der allgemeinen Irrelevanz von Motiven gegen eine Verallgemeinerung der betriebsverfassungsrechtlichen Ausnahmen ausspricht und zum Schluß kommt (S. 24): „Der im BetrVG und im PersVG zum Ausdruck gekommene Grundsatz kann nur aus den besonderen Zwecken dieser Gesetze verstanden werden und läßt sich in der dort ausgesprochenen Form nicht verallgemeinern."

[29] *Girgensohn*, S. 26.

[30] Vgl. BGHZ 17, 282 gegen RGZ 104, 56; 140, 239; 153, 23; BGHZ 11, 143.

[31] Einführung in das juristische Denken[2] (1956) 102 ff.; vgl. *Enneccerus-Nipperdey*, Lehrb. d. bürg. Rechts I[15] (1959) 296 f.; vgl. neuestens *Blagojević*, Eranion Maridakis II (1963) 43 ff.

ratio legis[32] anzusehen. Ihr kommt kein absoluter Charakter zu, sie gilt nicht um ihrer selbst willen.

Während wir so einerseits zu einer Relativierung des Verbotes ausdehnender Interpretation und analog-erweiternder Anwendung von Sonderbestimmungen gelangen, müssen wir uns andererseits vor Augen halten, daß die Ausgangsbasis für verallgemeinernde Grundsätze über Arbeitsverhältnisse mit zurücktretender Erwerbsabsicht viel unsicherer ist, als man bisher erkannt hat. Die Dinge liegen ja nicht so, daß nur das BetrVG der durch Beweggründe karitativer oder religiöser Art bestimmten Beschäftigung eine Sonderstellung einräumt[33]. Wie wir insbesondere im Zug der Musterung sondergesetzlicher Arbeitnehmerbegriffe gesehen haben, stößt man nicht nur in dem BetrVG eng verwandten Gesetzen wie dem BRG und dem PersVG, sondern auch in der RVO, im SchwBeschG, im JAschG und in den Gesetzen über die Arbeiterkammern Bremens und des Saarlandes auf Sonderbestimmungen für Arbeitsverhältnisse mit zurücktretender Erwerbsabsicht[34]. Wenn auch allen diesen Sonderbestimmungen einige Grundgedanken gemeinsam sind, so variieren sie doch untereinander so stark, daß es kaum möglich ist, ihnen feste Rechtssätze zu entnehmen, denen Allgemeingültigkeit vindiziert werden dürfte.

Schon eine Konfrontation von § 10 BRG mit § 4 II d BetrVG bereitet der Behauptung eines allgemeinen Rechtsgrundsatzes beträchtliche Schwierigkeiten. Anders als das BRG sieht ja das BetrVG keine Ausnahmestellung von Beschäftigungen vor, die vorwiegend durch Beweggründe wissenschaftlicher oder künstlerischer Art bestimmt werden. Während die herrschende Meinung[35] (mit Recht) daraus ableitet, daß Arbeit aus wissenschaftlichen und künstlerischen Beweggründen nun — freilich in den Schranken des § 81 BetrVG — vom Betriebsverfassungsrecht erfaßt wird, halten *Herschel-Steinmann*[35a] — kaum durch bloßes Versehen — für den Arbeitnehmerbegriff des KSchG an der älteren Abgrenzung fest. Sie berufen sich auf den allgemeinen Sprachgebrauch und die Verkehrsanschauung. So erhebt sich zur Behauptung einer Verallgemeinerung des § 4 II d BetrVG die Frage: Ist es die jeweils geltende Fassung des das

[32] Dazu nun besonders *I. Dekkers*, De momento rationis legis in legum interpretatione, 1960.

[33] *Nikisch*, Festschr. Hueck (1959) 4 geht dagegen in seiner Ableitung eines Rechtsgedankens von allgemeiner Gültigkeit davon aus, daß „nur für das Recht der Betriebsverfassung bestimmt“ sei, daß die Arbeitnehmereigenschaft dieser Personen nicht gegeben sei.

[34] Vgl. überdies § 3 des MTL in der Fassung der Richtlinien für die Regelung des Arbeitsvertragsrechtes der Arbeiten im kirchlichen Dienst, Kirchl. Amtsblatt der Evang. Kirche im Rheinland, 1962, S. 167 ff.

[35] Vgl. *Dietz*, BetrVG³ (1960) 124.

[35a] Komm. z. KSchG⁵ (1961) 71.

Betriebsverfassungsrecht regelnden Gesetzes, die den vorgeblich allgemeinen Rechtsgedanken determiniert? Sollte etwa, wenn eine Novelle zum BetrVG auch der erzieherischen Arbeit die Sonderstellung nach § 4 II d BetrVG einräumte, solche Arbeit auch vom allgemein arbeitsrechtlichen Arbeitnehmerbegriff ausgeschlossen werden?

Ihre kritische Pointe erhalten diese Fragen durch den Umstand, daß es ohnedies noch sondergesetzliche Arbeitnehmerbegriffe gibt, die an den Kriterien des § 10 BRG ganz oder teilweise festhalten. § 15 II des Gesetzes über die Errichtung einer Arbeiterkammer für das Saarland (Fassung vom 15. November 1960, ABl. 1960, 887) führt die vier ideellen Beweggründe an, die § 10 BRG genannt hatte. § 3 V Z. 2 des Gesetzes über die Arbeitnehmerkammern im Lande Bremen (vom 3. Juli 1956, GBl. 1956, 79) stellt zwar die künstlerischen, nicht aber die wissenschaftlichen Beweggründe den religiösen und karitativen Motiven gleich[36]. Demnach könnte die Behauptung gewagt werden, daß der Rechtsgedanke des § 4 II d BetrVG nicht viel allgemeiner sei, als der des § 10 II Z. 2 BRG und daß daher nicht einzusehen sei, weshalb nicht auch die durch künstlerische und vielleicht auch die durch wissenschaftliche Beweggründe bestimmte Arbeit vom allgemeinen Arbeitnehmerbegriff ausgenommen werde. Dieser Behauptung hätte nun ein Anhänger der Verallgemeinerung des Rechtsgedankens von § 4 II d BetrVG zu entgegnen, daß man eben nur auf jene Kriterien sehen dürfe, die dem BetrVG und den beiden Arbeiterkammergesetzen gemeinsam seien. Doch eine solche Reduktion auf einen gemeinsamen Nenner scheitert an einem anderen Sondergesetz, an § 3 III PersVertrG: Diese Bestimmung enthält ja nicht ein Kriterium m e h r als § 4 II d BetrVG, sondern ein Kriterium w e n i g e r ; sie läßt es nicht darauf ankommen, ob eine Beschäftigung in erster Linie dem Erwerb dient. Damit kann die Reihe der kritischen Fragen fortgesetzt werden: Warum sollen gerade die in § 4 II d BetrVG und nicht die in anderen Sondergesetzen enthaltenen und eben doch abweichenden[37] Kriterien Ausdruck eines allgemeinen Rechtsgedankens sein?

Auch mit einem Hinweis auf das besonders große Wirkungsfeld des BetrVG läßt sich das in dieser Frage liegende Bedenken gegen die Gedankenführung der herrschenden Lehre nicht entkräften. Das Wirkungsfeld der RVO ist ja nicht minder groß. Und doch weichen ihre Kriterien zur Erfassung zurücktretender Erwerbsabsicht, auf die sich *v. Maltzahn*[38] gegen eine arbeitsrechtliche Unterscheidung zwischen Ordensschwestern

---

[36] In diesem Zusammenhang ist es bemerkenswert, daß man wissenschaftliche Assistenten und Bibliothekare sowie Hilfsarbeiter in wissenschaftlichen Berufen schon zur Zeit der Geltung des BRG nicht vom Arbeitnehmerbegriff ausnahm: *Hueck-Nipperdey*, Lehrb. d. Arbeitsrechts I^{3-5} (1931) 51, Anm. 66.

[37] Dies gegen *Girgensohn* 24.

[38] RdA 1955, 455.

und Schwestern vom Roten Kreuz berief, deutlich von den Kriterien des § 4 II d BetrVG ab. Mit Recht hat *Trieschmann*[39] dagegen auf die sozialversicherungsrechtliche Spezialfunktion des § 172 RVO hingewiesen. Die Modifizierung der Kriterien des § 172 RVO durch § 167 des Referentenentwurfs zur Neuregelung des Rechts der sozialen Krankenversicherung zeigt klar, daß die Gefahr droht, vermeintlich allgemeine Rechtsgedanken von Novelle zu Novelle variieren zu müssen. Hält man zu den bisher besprochenen Sondergesetzen noch § 1 II Z. 1 JASchG, so ergeben sich für die destillationsartige Ableitung eines allgemein arbeitsrechtlichen Prinzips aus Sondergesetzen unüberwindliche Schwierigkeiten.

Es erweist sich als notwendig, den ganzen Problemzusammenhang des Verhältnisses zwischen dem Betriebsverfassungsrecht und dem allgemeinen Arbeitsrecht ins Auge zu fassen[40]. Eine isolierende Betrachtung nur der Fragen des Arbeitnehmerbegriffes kann nicht zum Ziel führen. Es gilt, auch auf andere Fragen zu sehen, bei denen für Sätze des Betriebsverfassungsrechts Wirkungen im Bereich des allgemeinen Arbeitsrechts, insbesondere des Arbeitsvertragsrechts, beansprucht werden. Als eine derartige Frage erscheint mir namentlich die Unterlassung einer Anhörung des Betriebsrates vor einer Kündigung.

Die um die Tragweite des § 66 I BetrVG entflammte Diskussion ist bekannt. Der Meinung, eine Kündigung ohne Anhörung des Betriebsrates sei dennoch wirksam[41], steht die Ansicht gegenüber, gegen das Gebot des § 66 I BetrVG verstoßende Kündigungen seien nichtig[42]. Eine Art Mittellösung hat das BAG entwickelt, das solche Kündigungen zwar als wirksam, aber doch als sozialwidrig qualifiziert[43]. In der Auseinandersetzung über diese drei Meinungen wurde immer wieder um das Argument gerungen, die Trennung des kollektiv konzipierten Betriebsverfassungsrechts vom individual angelegten Kündigungsschutzrecht verbiete es, aus § 66 BetrVG Grundsätze über die Wirkung von Kündigungserklärungen abzuleiten[44]. Unter denen, die § 66 BetrVG nicht über das Betriebsverfas-

---

39 RdA 1955, 459.

40 Vgl. daher aus der Diskussion über das Verhältnis zwischen individualen und kollektiven Gestaltungskräften im Arbeitsrecht *Siebert*, BB 1963, 241 ff.; Festschr. *Nipperdey* 119 ff.; *G. Müller*, DB 1958, 712 ff.; *Hilger*, Verh. d. 43. Dt. Juristentages (1960) II F 5 ff.; *G. Hueck*, Festschr. Molitor (1962) 203 ff.; *Karakatsanis*, Die kollektivrechtliche Gestaltung des Arbeitsverhältnisses und ihre Grenzen (1963).

41 Nachweise bei *Neumann-Duesberg*, Betriebsverfassungsrecht (1960) 544, A. 104.

42 Nachweise bei *Neumann-Duesberg*, a.a.O. 545, A. 105; vgl. vor allem *Reinhardt*, Festschr. Nikisch 112 ff. und *Siebert*, ebenda 127 ff.

43 AP Nr. 1, 2, 4, 6, 9 und 10 zu § 66 BetrVG.

44 Vgl. *Neumann-Duesberg*, a.a.O. 544 f.

sungsrecht hinauswirken lassen wollen, finden wir auch *Dietz*[45] und *Nikisch*[46] — also zwei Autoren, die dem § 4 II d BetrVG eine über das Betriebsverfassungsrecht hinaustragende Bedeutung zubilligen. Nun ist gewiß einzuräumen, daß es etwas anderes ist, ob man einem kollektivrechtlichen Gebot individualrechtliche Sanktionen zuordnet oder ob man einen Satz des kollektiven Rechts als Ausdruck eines allgemeineren Prinzips ansieht. Dennoch ergibt sich der Eindruck einer gewissen Inkonsequenz. Die Frage, nach welchen Kriterien jene Sätze des Betriebsverfassungsrechts ausgewählt werden sollen, die für Schlüsse auf allgemeinere Rechtsgedanken tauglicher Ausgangspunkt sind, drängt sich auf.

Unter diesem Aspekt ist es nützlich, sich die Fülle der möglichen Gestaltungen des Verhältnisses zwischen einem betriebsverfassungsrechtlichen und einem allgemein arbeitsrechtlichen Arbeitnehmerbegriff zu vergegenwärtigen. Das Beispiel des österreichischen Arbeitsrechts zeigt, daß der allgemein arbeitsrechtliche Arbeitnehmerbegriff sogar enger als der des Betriebsverfassungsrechts gefaßt werden kann. So bestimmt § 2 II des österreichischen Bundesgesetzes über die Errichtung von Betriebsvertretungen, vom 28. März 1947, öBGBl. 1947, Nr. 97[47]:

> „Dienstnehmer im Sinne dieses Bundesgesetzes sind alle im Betrieb beschäftigten Personen einschließlich der Lehrlinge ohne Unterschied des Alters und Geschlechts."

Diese Bestimmung stellt also nicht auf ein Vertragsverhältnis, sondern auf die tatsächliche Beschäftigung im Betrieb ab. Daher werden auch arbeitnehmerähnliche Personen als Dienstnehmer im Sinne dieser sondergesetzlichen Definition bezeichnet[48]; es wurden in einem Krankenhaus beschäftigte Schwestern des Dritten Ordens[49] und Krankenpflegeschülerinnen[50] in den betriebsverfassungsrechtlichen Dienstnehmerbegriff einbezogen. Die Annäherung an den sozialversicherungsrechtlichen Begriff des Beschäftigungsverhältnisses ist unverkennbar.

An dem § 4 BetrVG entsprechenden Ausnahmen nennt § 2 des öst. BRG nur die leitenden Angestellten mit maßgebendem Einfluß auf die Betriebsführung, die Heimarbeiter und Zwischenmeister, endlich die nur vorübergehend zu Ausbildungszwecken beschäftigten Personen. Diese Ausnahmen werden nach der Absicht des Gesetzgebers eng ausgelegt[51].

---

[45] BetrVG³ (1960) 636 „Auch hier muß unterschieden werden zwischen der Ebene der Betriebsverfassung und der des Einzelarbeitsverhältnisses."

[46] Arbeitsrecht I³ 773.

[47] Nun bei *Dittrich-Veit-Tades*, Arbeitsrecht² (1963) 398.

[48] Einigungsamt Graz, E. v. 9. 6. 1952, ArbSlg. 5439.

[49] Verwaltungsgerichtshof, E. v. 18. 2. 1954, ArbSlg. 5926.

[50] Einigungsamt Linz, E. v. 11. 8. 1959, ArbSlg. 7108.

[51] *Floretta-Strasser*, Kommentar zum Betriebsrätegesetz (1961) 37.

Wir sehen also: Jeder Gesetzgeber hat die Wahl, den betriebsverfassungsrechtlichen Arbeitnehmerbegriff enger oder weiter als den allgemein arbeitsrechtlichen Arbeitnehmerbegriff zu fassen. Beides ist möglich; möglich ist weiterhin eine Abgrenzung, die dazu führt, daß sich die beiden Bereiche wie schneidende Kreise verhalten[52].

An bei der Abgrenzung verwendbaren Kriterien bieten sich vor allem an:

1. Das Bestehen oder Fehlen eines Arbeitsvertrages.
2. Das Verhältnis des Erwerbsstrebens zu anderen Beweggründen der Beschäftigung.
3. Die Pflicht zur Entgeltzahlung und die objektive Höhe des Entgelts.

Die primäre Funktion aller dieser Kriterien liegt in der Fixierung des sondergesetzlichen Arbeitnehmerbegriffes. Nur sekundär kann es von Bedeutung sein, daß diese Kriterien zugleich den Ausdruck allgemeinerer Rechtsgedanken bilden. Daher fällt es schwer, Gehalt und Tragweite solcher allgemeiner Rechtsgedanken allein aus Sekundärfunktionen sondergesetzlicher Abgrenzungen abzuleiten. Daß sich derart recht nützliche Indizien ergeben, sei keineswegs bestritten. Überschätzt man diese jedoch, so ist man in Gefahr, mit dem Allgemeinen auch das Singulär-Exzeptionelle zum Prinzip zu erheben.

Gewiß wäre es ungleich einfacher, dürfte man die vom Betriebsverfassungsrecht gezogenen Grenzen auf das gesamte Arbeitsrecht übertragen. Doch eine derartige Analogie scheitert, wie wir gesehen haben, schon am Variantenreichtum der Sondergesetze. Es ist daher geboten, den beschwerlicheren Weg einer Strukturanalyse des Arbeitnehmerbegriffes einzuschlagen. Erst nach einer allgemein gehaltenen Prüfung der mit Entgelt und Erwerbsabsicht zusammenhängenden Konstituanten der Arbeitnehmereigenschaft wird es angehen, bei sondergesetzlichen Tatbeständen die Bestätigung der Ergebnisse dieser Strukturanalyse zu suchen.

D. Der Streit um die Entgeltlichkeit des Arbeitsverhältnisses.

Ist einmal erkannt, daß alles Für und Wider um Analogieschlüsse aus sondergesetzlichen Arbeitnehmerbegriffen keine Problemlösung vermitteln kann, so wird es notwendig, sich allgemeinen Aspekten zuzuwenden. Dabei stoßen wir sogleich auf die Frage, ob Bestand und Intensität der Erwerbsabsicht nicht etwa deshalb Beachtung fordern, weil der Dienstvertrag und mit ihm, als seine Unterart[1], der Arbeitsvertrag wesentlich

---

[52] Vgl. *Floretta-Strasser* a.a.O.

[1] Vgl. zuletzt *Larenz*, Lehrbuch des Schuldrechts II[6] (1964) 183.

entgeltlich wäre. Wir können daher der alten Streitfrage[2], ob der Dienstvertrag notwendig oder nur im Zweifel entgeltlich ist, nicht ausweichen. Sie ist heute erstarrt, aber nicht ausgetragen. Die Mehrheit der Zivilisten[3] tritt für, die Mehrheit der Arbeitsrechtler[4] gegen notwendige Entgeltlichkeit ein. Die Meinung der Mehrheit der Arbeitsrechtler mit dem Wortlaut der §§ 611 und 612 BGB zu vereinen, bereitet größere Schwierigkeiten, als bisher gesehen wurde. Die Unterscheidung zwischen freiem Dienstvertrag und abhängigem Arbeitsvertrag ist kaum geeignet[5], diese Schwierigkeiten auszuräumen. Liegt es aufs Erste auch nahe, den BGB-Dienstvertrag als wesentlich entgeltlich, den Arbeitsvertrag dagegen als nur im Zweifel entgeltlich zu qualifizieren, so scheitert eine solche Lösung doch daran, daß der Arbeitsvertrag bisher als Unterart des BGB-Dienstvertrages gilt und nicht völlig dem Wirkungsbereich der §§ 611 ff. BGB entzogen werden kann[6].

In § 611 I BGB spricht es stark für wesentliche Entgeltlichkeit von Dienst- und Arbeitsvertrag, daß die Verpflichtung zur Gewährung der vereinbarten Vergütung in die Angabe des Inhalts eines Dienstvertrages aufgenommen wurde. Diese Angabe erscheint ja leicht als Bezeichnung der essentiellen Vertragselemente. Dazu kommt, daß nach § 612 BGB eine Vergütung dann als stillschweigend vereinbart gilt, wenn die Dienstleistung den Umständen nach nur gegen eine Vergütung zu erwarten ist. Dies kann dazu führen, daß trotz des Fehlens einer ausdrücklichen Vergütungsvereinbarung ein Vertrag den in § 611 I BGB beschriebenen Merkmalen entsprechen kann.

---

[2] Für wesentliche Entgeltlichkeit des Arbeitsvertrages wohl schon *Lotmar*, Der Arbeitsvertrag I (1902) 34 ff.; vgl. ferner *Oertmann*, BGB-Kommentar, Schuldrecht[2] (1906) S. 594; *Leonhard*, Schuldrecht II (1931) 196 f.; *Enneccerus-Lehmann*, Lehrbuch d. bürg. Rechts[13] (1950) 570. Dagegen jedoch u. a. *Kreller*, AcP 122 (1924), 3 ff.; *Richter*, Grundverhältnisse d. Arbeitsrechts (1928) 14.

[3] *Enneccerus-Lehmann*, Lehrbuch d. Schuldrechts[15] (1958) 605; *Esser*, Schuldrecht[2] (1960) 576; *Larenz*, Lehrbuch d. Schuldrechts II[6] (1964) 186.

[4] *Kaskel-Dersch*, Arbeitsrecht[5] (1957) 23; *Nikisch*, Arbeitsrecht I[3] (1961) 94; *Wlotzke-Volze*, in *Soergel-Siebert*, Kommentar z. BGB[9] (1962) S. 383, 39 vor 611 BGB; *A. Hueck*, in Hueck-Nipperdey, Lehrbuch d. Arbeitsrechts I[7] (1963) 48; anders *Schnorr v. Carolsfeld*, Arbeitsrecht[2] (1954) 9 und seinerzeit *Kaskel*, Arbeitsrecht[3] (1928) 67; *Nipperdey-Mohnen-Neumann* in Staudingers Kommentar z. BGB[11] (1958) nehmen in N. 38 zu § 611 BGB „nur in seltenen Ausnahmefällen" einen unentgeltlichen Dienst- oder Arbeitsvertrag an.

[5] Zu ihr jüngst BGH AP Nr. 28 zu § 611 BGB Haftung des Arbeitnehmers mit Anm. v. *A. Hueck;* vgl. ferner *Isele*, NJW 1963 I. 1102; *Mayer-Maly*, VersR 1963, 834.

[6] Vgl. die Opponenten gegen AP Nr. 2 zu § 611 BGB Haftung des Arbeitnehmers, insbesondere die Anm. v. *A. Hueck* in AP; *Nikisch*, Arbeitsrecht I[3] (1961) 162; Mayer-Maly, JZ 1961, 205 ff.

Konfrontiert man die Fassung der §§ 611 und 612 BGB mit der Regelung der dispositiven Entgeltlichkeit durch § 1152 des österr. ABGB[7] sowie mit der projektierten Normierung wesentlicher Entgeltlichkeit durch die österreichische Arbeitsrechtskodifikation[8], so läßt sich nicht leugnen, daß die Bestimmungen des BGB der Verankerung wesentlicher Entgeltlichkeit näherstehen. Dennoch erschiene es mir verfehlt, unentgeltlich Beschäftigten ausnahmslos die Dienstnehmereigenschaft im Sinne des BGB und die arbeitsrechtliche Arbeitnehmereigenschaft abzusprechen.

Wie *Kaskel-Dersch*[9] sehr richtig sehen, setzt § 612 I BGB „offensichtlich auch einen Dienstvertrag ohne Vergütung als möglich" voraus. Ist nämlich eine Dienstleistung den Umständen nach n i c h t n u r g e g e n e i n e V e r g ü t u n g z u e r w a r t e n, so gilt keine Vergütung als vereinbart. Daß dann überhaupt keine Dienstleistung vorliege, wird nicht gesagt. Es können eben „Dienste jeder Art" Gegenstand des Dienstvertrages sein (§ 611 II). Daher kann § 611 I BGB auch als eine Bezeichnung der t y p i s c h e n Verpflichtungen aus dem Dienstvertrag verstanden werden. Der Schluß, daß i m m e r b e i d e typischen Pflichten begründet werden müssen, damit ein Dienstvertrag entstehe, ist nicht zwingend. Setzt uns derart der Wortlaut des Gesetzes keine völlig starre Grenze, ist es legitim, teleologische Aspekte mit zu berücksichtigen.

Sowohl das Dienstvertragsrecht des BGB wie auch das Arbeitsrecht schlechthin wird durch nachhaltige Einwirkung des Schutzgedankens[10] gekennzeichnet. Die den persönlichen wie den technischen Arbeitsschutz tragende ratio legis ist aber nicht an die Entrichtung von Entgelt gebunden. Völlig unbezahlte Krankenpflege fordert nicht weniger Schutz als normal entlohnte, ohne alle karitativen Beweggründe geleistete Arbeit. Übrigens kann das Entgelt auch ohne das Hervortreten ideeller Motive wegfallen: Gerät ein Werk durch Elementarkatastrophen, Kriegsereignisse oder auch durch wirtschaftliche Erschütterungen an den Rand des Zusammenbruchs, so mag in Zeiten der Unterbeschäftigung oder bei Umstellungsschwierigkeiten den Arbeitnehmern so sehr an der Erhaltung ihrer Arbeitsplätze gelegen sein, daß sie sich zu ein- oder zweiwöchiger

---

[7] „Ist im Vertrage kein Entgelt bestimmt und auch nicht Unentgeltlichkeit vereinbart, so gilt ein angemessenes Entgelt als bedungen." — Vgl. dazu das Urteil des österr. OGH v. 28. 2. 1961, ArbSlg. 7337.

[8] § 1 I des 1. Teilentwurfs (RdA 1960, 448): „Arbeitsvertrag ist der Vertrag, durch den sich eine natürliche Person verpflichtet (Arbeitnehmer), bestimmte Arbeitsleistungen auf Weisung und unter Verantwortung eines anderen (Arbeitgeber) gegen Entgelt zu erbringen." — Bedenken gegen die hier projektierte wesentliche Entgeltlichkeit bei *Mayer-Maly*, JZ 1961, 557; gewisse Modifikationen des Entwurfs seither bei *Martinek*, DRdA 1962, 184.

[9] Arbeitsrecht[5] (1957) 23, 6.

[10] Vgl. *Dersch*, Festschr. Herschel (1935) 71 ff.; *Bulla*, Mitteilungen d. Deutschen ArbGerVerbandes 1957, Nr. 15.

Arbeit ohne Lohn anbieten oder bereit finden[11]. In solchen Fällen wird gewiß genau geprüft werden müssen, ob den Arbeitern die unentgeltliche Leistung ihrer Dienste nicht etwa in sittenwidriger Weise abgepreßt wurde. Doch zeigt ein Blick auf opfervolle Aufbauleistungen der ersten Nachkriegszeit, daß es abwegig wäre, solche Arbeit a priori aus dem Bereich des Arbeitsrechts und seiner Schutzbestimmungen zu weisen.

Die bei Beschränkung des Dienstvertrages auf entgeltliche Arbeit für sonstige Dienstleistungen maßgebliche Ordnung des Auftrages[12] ist der Problematik abhängiger, auf relative Dauer angelegter Arbeit nicht adäquat. Die Unterschiede ergeben sich ja nicht nur aus der typischen Unentgeltlichkeit des Auftrages und der typischen Entgeltlichkeit des Dienstvertrages[13]. Das Dienstverhältnis ist ja seinem Typ nach stärker auf Dauer angelegt als der Auftrag, andererseits zielt es weniger auf die Besorgung irgendeines bestimmten Geschäftes. Eine Konfrontation von § 671 BGB mit den § 620 ff. BGB zeigt diese Strukturunterschiede auf. Es kann also nicht eingewendet werden, daß die Anerkennung unentgeltlicher Dienstverhältnisse an der Unmöglichkeit einer Abgrenzung vom Auftrag scheitere, denn Fürsorge- und Treuepflichten setzen einen so stark personalen Akzent voraus, daß sie das unentgeltliche Dienstverhältnis scharf vom Auftrag abheben.

Jene, die für wesentliche Entgeltlichkeit von Dienst- oder Arbeitsverhältnissen plädieren, versuchen regelmäßig, den Hinweis auf die Unentbehrlichkeit von Treue- und Fürsorgepflicht sowie von anderen arbeitsrechtlichen Maximen damit zu entkräften, daß sie die Möglichkeit analoger Anwendung von Arbeitsrecht auf unentgeltliche Arbeitsverhältnisse einräumen. So sagt *Schnorr v. Carolsfeld*[14], es könnten allerdings trotzdem ausnahmsweise auch hier arbeitsrechtliche Vorschriften anzuwenden sein. Das gilt in erster Linie von öffentlich-rechtlichen Bestimmungen. Schnorr v. Carolsfeld stellt sogar das Prinzip auf, daß das, was einem entgeltlich Arbeitenden geschuldet ist, erst recht einem unentgeltlich Arbeitenden zugute kommen müsse. Umgekehrt könnten aber auch Rechte von Auftraggebern fehlen, die einem Arbeitgeber zuständen. Daher sei „unter der Berücksichtigung der eben angewandten Grundgedanken und des Ausgleichs der Interessenlage stets zu prüfen, welche der Rechtssätze für entgeltliche Arbeit auch für unentgeltliche angewendet werden müssen".

---

[11] Hier statt Vereinbarung unentgeltlicher Arbeit nur Lohnverzicht anzunehmen, fällt für den Regelfall schon wegen § 4 TVG schwer.

[12] Für ihre Anwendung *Larenz*, Lehrbuch d. Schuldrechts II[6] (1964) 186.

[13] Zu den sich aus der (m. E. typischen, nicht auch wesentlichen, für *Larenz* aber wesentlichen) Entgeltlichkeit von Dienstverträgen ergebenden Bedenken gegen Analogieschlüsse im Verhältnis zwischen Auftrag und Dienstvertrag eingehend *Larenz*, SAE 1962, 198.

[14] Arbeitsrecht[2] (1954) 9.

Mit aller wünschenswerten Deutlichkeit zeigen diese Kriterien, daß nur die Anwendung des Arbeitsrechts auf alle Arbeitsverhältnisse, daß nur bloß dispositive Entgeltlichkeit des Dienstvertrages zu klaren und einfachen Problemlösungen führt. Allzu viele Unsicherheitsfaktoren, allzu viel Möglichkeiten des Für und Wider von Analogien stecken in den Voraussetzungen einer ausnahmsweisen Übertragung von Arbeitsrecht auf unentgeltliche Dienstleistungen[15]. Daß, wie *Schnorr v. Carolsfeld* empfiehlt, die Übertragung von Arbeitsrecht mehr als das eigentliche Arbeitsschutzrecht ausweitet, wird schon durch § 19 des Bundessozialhilfengesetzes (BSG) vom 30. Juni 1961 in Frage gestellt: Dort geht es um die Schaffung von Gelegenheiten zu gemeinnütziger oder zusätzlicher Arbeit für Hilfesuchende. Für solche Arbeit kann „entweder das übliche Arbeitsentgelt oder Hilfe zum Lebensunterhalt zuzüglich einer angemessenen Entschädigung für Mehraufwendungen gewährt werden". Für den Fall einer Gewährung von Hilfe zum Lebensunterhalt wird gemäß § 19 III BSG „kein Arbeitsverhältnis im Sinne des Arbeitsrechts und kein Beschäftigungsverhältnis im Sinne der gesetzlichen Kranken- und Rentenversicherung begründet. Die Vorschriften über den Arbeiterschutz finden jedoch Anwendung".

Der Gesetzgeber des BSG hat sich also entschlossen, den von ihm angestrebten Ausschluß vom Arbeitsrecht nicht über umstrittene Kriterien wie die des § 4 BetrVG herbeizuführen, sondern unmittelbar zu normieren. Zugleich wird die Übertragung des Arbeitsschutzrechts gesetzlich verankert. Daß daneben andere arbeitsrechtliche Grundsätze, etwa die Anerkennung einer Fürsorgepflicht, übertragen werden dürften, wird dadurch zweifelhaft: Der Gesetzgeber des BSG hat das Problem der Analogie ja gesehen, warum sollte er es nicht ausgeschöpft haben?

Daß es viel leichter fällt, Einzelausnahmen für an sich ins Arbeitsrecht fallende, wegen zurücktretender Erwerbsdienlichkeit aber besonders strukturierte Dienstverhältnisse zu begründen, soll das nächste Kapitel zeigen.

E. Die allgemein-arbeitsrechtliche Relevanz von Erwerbsabsicht und Erwerbsdienlichkeit.

Die Schutztendenz des Arbeitsrechts geht nicht nur allgemein von der Existenz persönlicher Abhängigkeit, sondern spezieller auch von der regel-

[15] Dies muß ich auch *Martinek*, DRdA 1962, 184 einwenden.

[1] Zur Frage, ob die Abhängigkeit der Arbeitnehmer i m m e r auch eine wirtschaftliche sein muß, zuletzt *Hueck-Nipperdey*, Lehrbuch d. Arbeitsrechts I[7] (1963) 35, 3.

mäßig ebenfalls gegebenen wirtschaftlichen Abhängigkeit[1] und insbesondere von der typischen Funktion des Lohnes als Existenzbasis aus. Schon deshalb erspart die Erkenntnis der nur dispositiven Entgeltlichkeit des Dienstvertrages nicht eine weitere Diskussion des allgemein arbeitsrechtlichen Verhältnisses zwischen Arbeit und Erwerb. Da diese Diskussion nicht am Wortlaut von § 4 II BetrVG ausgerichtet ist, hat sie neben der objektiven Erwerbsdienlichkeit der Arbeit die subjektive Erwerbsabsicht des Beschäftigten ins Auge zu fassen. Sogleich stößt man aber auf ein allgemein-privatrechtliches Bedenken gegen jede Berücksichtigung der Erwerbsabsicht und ihrer Intensität.

Zählt die Absicht, durch Arbeit zu erwerben, nicht zu den Motiven? Muß sie nicht deren prinzipielle Irrelevanz teilen?

Das Recht, das grundsätzlich nur äußeres Verhalten regelt, ist ja nicht in der Lage, Beweggründen Beachtung zu schenken. Der kuriose Einfall von *Girgensohn*[2], es läge nahe, „die Krankenschwester zu einer Äußerung über die Motive ihrer Tätigkeit zu veranlassen", macht die Grenzen deutlich, die trotz Wahrheitsserum und Lügendetektor dem Recht noch immer gesetzt sind.

So lehren *Kaskel-Dersch*[3] denn auch, der Beweggrund einer Arbeit sei grundsätzlich ohne Belang. Nur für sittenwidrige Beweggründe und für abweichende Regelungen und Sondergesetze schränken sie diesen Satz ein. Autoren, die anders als *Kaskel-Dersch* dem Zurücktreten der Erwerbsabsicht allgemein-arbeitrechtliche Bedeutung vindizieren, befinden sich in einer erheblich schwierigeren Position. Von ihnen hat besonders *Nikisch*[4] die Frage erwogen. Er anerkennt, daß „das Motiv, aus dem das Arbeitsverhältnis eingegangen wurde, nur dann von rechtlicher Bedeutung" ist, „wenn es nach dem Willen der Vertragsparteien die Rechtsstellung der Beteiligten maßgeblich bestimmen soll". *Nikisch* gelangt derart dazu, statt auf die Beweggründe der Einzelnen auf die satzungsgemäßen Zwecke von Organisationen zu sehen. Soweit diese Lehre als Interpretation von § 4 II BetrVG auftritt, stehen ihr die oben ausgeführten Argumente aus der Entstehungsgeschichte des § 10 BRG entgegen. Doch auch, wenn man sie von sondergesetzlichen Bestimmungen löst, kann ihr nicht gefolgt werden: Der nicht einer Organisation angehörende einzelne Helfer, den nur karitative oder religiöse Motive bestimmen, müßte ja anders behandelt werden als das Organisationsmitglied. Solcher Differenzierung fehlt aber die Legitimation.

Meines Erachtens liegt die Problemlösung bei der Frage nach der Tragweite des Prinzips von der Unbeachtlichkeit der Beweggründe. Entstan-

---

[2] S. 22; immerhin sieht *Girgensohn* ein, daß das von ihm erwogene Verfahren „häufig zu unbefriedigenden Ergebnissen führen" würde.

[3] Arbeitsrecht[5] (1957) 23.

[4] Arbeitsrecht I[3] (1961) 118 f.

den ist dieser Grundsatz im Rahmen der Irrtumslehre[5]. Er durchdringt nun die gesamte Lehre von der Entstehung der Rechtsgeschäfte. Ob es aber angeht, auch für die Abgrenzung der verschiedenen Rechtsgeschäfte auf die Berücksichtigung der Beweggründe zu verzichten, bedarf noch der Prüfung.

In der Lehre von der Entstehung der Rechtsgeschäfte hat die prinzipielle Irrelevanz aller Motive eine klare Funktion: Der nicht in die Erklärung einbezogene Beweggrund ist unerkennbar und unüberprüfbar; der Vertrauensgrundsatz fordert daher, daß sich niemand auf derartige Motive berufen darf[6].

Bei der Frage der Abgrenzung zwischen Rechtsinstituten ist die Bedeutung des Vertrauensgrundsatzes geringer. Wenn es bloß darum geht, sachgerechte Regeln für ein Rechtsverhältnis aufzufinden, spricht vieles dafür, dieses Rechtsverhältnis in allen seinen Dimensionen zu analysieren[7]. Freilich bereitet die Undurchdringlichkeit des menschlichen Motivationsprozesses auch dann Schwierigkeiten. In aller Regel wird man nur auf typische Objektivierungen von Beweggründen sehen können; die Formulierung des § 4 II d BetrVG, die auf das Bestimmt-Sein einer Beschäftigung durch einen Beweggrund abstellt, bringt das gut zum Ausdruck.

Die rechtstechnische Möglichkeit, typische Beweggründe durch objektivierende Formulierungen zu tauglichen Abgrenzungskriterien zu erheben, ergibt noch nicht die Richtigkeit einer Verwendung dieser Kriterien. Ein solches Urteil setzt vielmehr Schlüsse aus der Struktur der Konstituanten des Arbeitsverhältnisses voraus.

Es ist also geboten, zwischen den verschiedenen Institutionen des Arbeitsrechts zu unterscheiden. Jene von ihnen, die eng mit einem Anspruch auf Entgelt zusammenhängen, fordern sicherlich eine Berücksichtigung der Intensität der Erwerbsabsicht. Das ergibt sich zum Teil, so bei allen Formen der Lohnsicherung, schon aus der Natur der Sache. Bei anderen arbeitsrechtlichen Figuren begründet erst eine Wertung die Relevanz von Erwerbsabsicht und Erwerbsdienlichkeit. Dies ist insbesondere bei der Beschränkung kollektivrechtlicher Positionen auf erwerbsdienliche Arbeit der Fall. Von einem Austauschverhältnis völlig unabhängige Verpflichtungen wie die zur Fürsorge und Treue bleiben dagegen unberührt. Den

---

[5] Vgl. einerseits *Pringsheim,* Law Quarterly Review 49 (1933) 43 ff. und 379 ff., andererseits *Riccobono,* Studi Bonfante I 125 ff.; Mélanges Cornil II 348 ff.

[6] Zur Abhängigkeit der prinzipiellen Irrelevanz der Motive vom Vertrauensschutz zuletzt *Brox,* Die Einschränkung der Irrtumsanfechtung (1960) 73 f.

[7] Diesen Unterschied zur normalen Funktion der Beweggründe erfaßt *Philipsborn,* NZfAR 1931, 26, wenn er sagt, die Selbstlosigkeit der karitativen Arbeit sei „nicht nur ein Motiv, sondern auch Wesensbestandteil ihrer Tätigkeit". Zur Zulässigkeit solcher Wesensargumente nun *Scheuerle,* AcP 163 (1964) 435 f.

personalen Komponenten des Arbeitsverhältnisses kommt eben selbständige dogmatische Bedeutung zu.

Hält man sich diese Grundsätze vor Augen, so erscheinen die bisher so systemlosen sondergesetzlichen Ausnahmen vom Arbeitnehmerbegriff in neuem Licht. So hängen die sozialversicherungsrechtlichen Ausnahmen für Beschäftigungsverhältnisse mit geringer Erwerbsdienlichkeit eindeutig mit der Funktion des Lohnes als Beitragsgrundlage zusammen. Solche funktionale Zusammenhänge begegnen positivrechtlich fixiert auch im Arbeitsrecht: Die Bestimmungen des Schwerbeschädigtenrechts über die Abhängigkeit der Einstellungspflicht von der Zahl der Arbeitsplätze sehen im Arbeitsplatz eine potentielle Existenzgrundlage. Nicht primär erwerbsdienliche Beschäftigungen können daher der Einstellungspflicht nicht sinnvoll zugrunde gelegt werden.

Die Einschränkung des Arbeitnehmerbegriffs durch Ausnahmen in Arbeiterkammergesetzen haben dagegen nur mittelbar mit der Erwerbsdienlichkeit von Beschäftigungen zu tun. Im Vordergrund steht ein anderer Gesichtspunkt. Wer schon von den betriebsverfassungsrechtlichen Befugnissen der Arbeitnehmer ausgeschlossen ist, dem muß auch die Zugehörigkeit zu einer gesetzlichen überbetrieblichen Interessenvertretung verwehrt bleiben.

Damit stoßen wir auch auf die Frage nach der objektiven ratio der betriebsverfassungsrechtlichen Ausnahmen für nicht primär erwerbsdienliche Beschäftigungen. Gewiß fehlt es nicht an Beziehungen zu den synallagmatischen Elementen des Arbeitsverhältnisses; viele der von den §§ 56—59 BetrVG erfaßten Fragen berühren den Austausch von Arbeit und Lohn. Doch finden wir daneben ganz andersartige Institutionen wie das Wahlrecht und die Mitbestimmungsrechte in gesamtbetrieblich bedeutungsvollen Angelegenheiten. Als Grund dafür, daß diese den ohne dominierende Erwerbsabsichten Beschäftigten verwehrt werden, läßt sich vielerlei vermuten: Der Gedanke, die Orientierung an ideellen Motiven möge den Blick auf betriebliche Interessenlagen trüben, dürfte da eine Rolle spielen. Die sympathischere Erwägung, daß dem sozial-karitativ Bemühten die Spannungen der Auseinandersetzung über Fragen der Betriebsverfassung erspart bleiben sollen, kommt wohl auch zum Tragen. Für die Fälle des § 4 II e BetrVG wird entscheidend sein, daß der Erziehungs-, Heilungs- oder Besserungserfolg gewiß in Frage stünde, wollte man den zu Erziehenden, zu Heilenden oder zu Bessernden weitgehend mitbestimmen lassen. Dazu tritt in allen Fällen von § 4 II d und e BetrVG der Umstand, daß unter derart besonderen Umständen Beschäftigte dem vom Betriebsverfassungsrecht angesprochenen Durchschnittsarbeiter oft gar nicht als gleichwertige Kollegen erscheinen. Das Profil des Betriebsverfassungsrechts wird eben durch den Weg der Arbeiterbewegung mitgeprägt und hält daher auch noch in seiner heutigen Gestalt für den, der nicht so sehr um seines Lohnes willen arbeitet, keine passende Position bereit.

Daher kann nicht erwartet werden, daß die ratio kollektivrechtlicher Ausnahmen auch für die arbeitsvertragsrechtlichen und arbeitsschutzrechtlichen Institutionen zutrifft. Hier entscheidet nicht allein das Verhältnis zur Lohnzahlungspflicht. Der Urlaubsanspruch sollte daher von der Intensität der Erwerbsabsicht und der Erwerbsdienlichkeit durchaus unabhängig sein; das legitime Erholungsbedürfnis derer, die vorwiegend aus religiösen oder karitativen Beweggründen arbeiten, kann nicht geleugnet werden. Weshalb ihm nicht im Rahmen des allgemeinen Urlaubsrechts Rechnung getragen werden könnte und sollte, ist nicht einzusehen.

Entsprechende Gesichtspunkte ergeben sich zum Mutterschutzrecht. Der Anspruch auf Mutterschutz greift ja nicht allein um des Erwerbes der Mutter willen ein. Die Beschäftigungsverbote sind auch in einem unentgeltlichen Arbeitsverhältnis bedeutungsvoll; selbst bei relativ geringem Entgelt sind die Ansprüche auf Wochen- und Stillgeld sowie die Kündigungsverbote unentbehrlich, wenn das sozialethische Anliegen des Mutterschutzes respektiert bleiben soll.

Von Entgeltansprüchen weitgehend unabhängige Schutzgedanken beherrschen auch das Arbeitszeitrecht. Hier gilt es gerade im sozial-karitativen Arbeitsbereich, den Beschäftigten weniger vor Überbeanspruchung durch andere als davor zu schützen, daß er sich selbst überfordert.

Konfrontiert man diese Erwägungen mit der positivrechtlichen Umschreibung oder Voraussetzung des Arbeitnehmerbegriffes durch die verschiedenen Sondergesetze, so gelangt man zum Schluß, daß die Variation in der Berücksichtigung eines Zurücktretens der Erwerbsdienlichkeit von Beschäftigungen gar nicht so systemlos erfolgt, als es aufs erste den Anschein hat. Bei vielen Sondergesetzen, die keine Ausnahmen für Beschäftigungen aus bestimmten ideellen Beweggründen vorsehen, sprechen manifeste Schutzbedürfnisse in der Tat gegen solche Ausnahmen. Bei jenen Gesetzen, die Ausnahmen statuieren, wird immer eine spezielle ratio greifbar: Diese liegt entweder in der betriebssoziologischen Sonderstellung nicht primär auf Erwerb gerichteter Arbeit oder aber in der Abhängigkeit der geregelten Rechtsbeziehung von einer Entgeltzahlung.

Daß die sondergesetzlichen Differenzierungen in der Berücksichtigung des Erwerbsstrebens ihren guten Sinn haben, wird am Jugendarbeitsschutzgesetz besonders deutlich. Sein § 1 II 1 sieht nur eine dem § 4 II e BetrVG, nicht auch eine dem § 4 II d BetrVG entsprechende Ausnahme vor. Werden mit einer Beschäftigung überwiegend Zwecke der Erziehung, der Heilung oder des Schulunterrichts verfolgt, so geht es an, daß die Schutzanliegen des JASchG zugunsten pädagogischer Zielsetzungen zurücktreten. Diese gehen ja von eben jenen Wertungen aus, die auch den Jugendarbeitsschutz tragen. Die Verfolgung ideeller Beweggründe durch den beschäftigten Jugendlichen bildet dagegen keinen ausreichenden Grund, eine Ausnahme von den Bestimmungen des Jugendarbeitsschutzes anzuerkennen. Wir haben also einen Fall vor uns, in dem das Schweigen des Gesetzgebers beredt ist. Der Umkehrschluß, daß die in § 4 II d BetrVG genannten Beschäftigungen vom JASchG nicht ausgenommen wurden, ist unabweislich.

Die Möglichkeit sachlicher Rechtfertigung der unterschiedlichen Abgrenzung sondergesetzlicher Arbeitnehmerbegriffe bestätigt unsere Ansicht, daß Bestimmungen wie § 4 II d BetrVG nicht als Formulierung eines allgemeinen, das ganze Arbeitsrecht durchziehenden Rechtsgedankens gelten können. Das Verhältnis zwischen den Auswirkungen von Erwerbsabsicht und ideellen Beweggründen kann nicht für alle arbeitsrechtlichen Probleme gleich gesehen werden.

Weiterhin indizieren die bestehenden sondergesetzlichen Differenzierungen jene allgemeinen Kriterien, nach denen zu jedem Satz des Arbeitsrechts entschieden werden kann, ob er auch auf nicht primär erwerbsdienliche Beschäftigungen angewendet werden soll. Doch kann nicht verkannt werden, daß genug Zweifelsfälle verbleiben. So macht das KSchG keine Ausnahmen für religiös oder karitativ akzentuierte Beschäftigungen. Erblickt man die Funktion des Kündigungsschutzes in der Sicherung des Arbeitsplatzes als der Existenz des Arbeitnehmers, so ist es folgerichtig, Beschäftigungen im Sinne von § 4 II d und e BetrVG immer dann vom Kündigungsschutz auszunehmen, wenn gar kein oder ein als Haupterwerbsquelle nicht mehr zureichendes Entgelt zusteht. Anders liegen die Dinge, wenn man das Recht des Kündigungsschutzes als Element eines subjektiven Rechts am eigenen Arbeitsplatz betrachtet[8]. Könnte sich die Annahme eines solchen Rechtes durchsetzen, so wäre das Rechtsgut des Kündigungsschutzes mehr der Wirkungsbereich als die Erwerbsquelle des Arbeitnehmers; dann erschiene auch bei stark zurücktretender Erwerbsdienlichkeit der Beschäftigung Kündigungsschutz sinnvoll.

Ähnliche Schwierigkeiten werden sich bei gesetzlich weniger oder gar nicht erfaßten Problemen des Individualarbeitsrechts einstellen. So mag zur Behandlung der Schadenshaftung von Arbeitnehmern oder zum Anspruch auf Beschäftigung fraglich werden, ob die arbeitsrechtlichen Grundsätze auch anzuwenden sind, wenn die Beschäftigung nicht erwerbsdienlich ist. Es wird geboten sein, die nicht vermögensrechtlichen, nicht austauschbezogenen Elemente aller dieser Rechtsfiguren freizulegen, wenn mit Erfolg behauptet werden soll, daß trotz zurücktretender Erwerbsdienlichkeit einer Beschäftigung die arbeitsrechtlichen Maximen Geltung beanspruchen können.

So gewinnen wir auch für den „Anlaßfall“ der neueren Diskussion des Verhältnisses von Erwerbsabsicht und Arbeitnehmereigenschaft, für den Arbeitnehmerbegriff des § 5 ArbGG, eine klare Lösung. Sinn und

---

[8] Vgl. etwa *Herschel,* RdA 1960, 121 ff. und dagegen *Wiedemann,* RdA 1961, 1 ff.

soziale Funktion der Arbeitsgerichtsbarkeit fordern ja auch bei persönlich abhängiger Arbeit ohne äquivalentes Entgelt alle Besonderheiten des arbeitsgerichtlichen Verfahrens[9].

Eine andere Frage ist es, ob neben dem Zurücktreten von Erwerbsabsicht und Erwerbsdienlichkeit zusätzliche Gesichtspunkte wie das Einwirken vom Arbeitsrecht unabhängiger, z. B. mitgliedschaftsrechtlicher Ordnungsprinzipien Bedeutung haben. Bisher, insbesondere in der Diskussion zu AP Nr. 1 zu § 5 ArbGG, wurden diese völlig verschiedenartigen Aspekte zu stark vermischt. Obwohl es unserer Fragestellung nur um die Auswirkungen der Intensität von Erwerbsabsicht und Erwerbsdienlichkeit geht, soll doch ein Abriß der Probleme um die Konkurrenz arbeitsrechtlicher mit anderen Bindungen versucht werden, damit auch diese Seite der typischen Anlaßfälle unserer Diskussion beleuchtet wird.

F. Die Konkurrenz arbeitsrechtlicher mit anderen Bindungen.

Die Intensität der Erfassung von Rechtssubjekten durch rechtliche Bindungen kann sehr unterschiedlich sein. Das einmalige Austauschgeschäft erzeugt weniger Bindungen als das Dauerschuldverhältnis, das schlichte Arbeitsverhältnis involviert eine geringere Treuepflicht als das Beamtenverhältnis. Als Beispiel totaler Erfassung einer Person durch ein Rechtsverhältnis sei die Behandlung der Ordenszugehörigkeit im Recht katholischer Staaten mit enger Verbindung von Staat und Kirche genannt.

Unter diesem Aspekt der Variationsmöglichkeit der Bindungen muß die Frage gesehen werden, in welchem Ausmaß neben einem Arbeitsverhältnis für weitere Bindungen Raum ist. Der Blick fällt dabei vor allem auf die Arbeitsleistung von Angehörigen religiöser Gemeinschaften[1], auf die Tätigkeit der Mitglieder karitativer oder sonst ideell ausgerichteter Verbände[2], auf die Arbeit von Gesellschafts- und Vereinsmitgliedern schlechthin[3], endlich auf Arbeitsleistungen im Familienverband[4].

---

[9] Dies gegen die Gründe von AP Nr. 1 zu § 5 ArbGG.

[1] Vgl. zur Bedeutung der Mitgliedschaft für das Arbeitsrecht im kirchlichen Bereich besonders *Molitor,* Festschr. Stohr II (1960) 231 ff.; *Scheuermann,* Archiv f. kath. Kirchenrecht 130 (1961) 325 ff.

[2] So lehrt *Nikisch,* Festschr. Hueck (1959) 11, das rechtliche Verhältnis einer Rote-Kreuz-Schwester zur Schwesternschaft erschöpfe sich in der Mitgliedschaft. Dem entspricht nun Art. 9, Abs. 1, S. 2 der Schwestern-Ordnung für die Schwesternschaften vom Deutschen Roten Kreuz in der Fassung vom 27. 8. 1963: „...; zwischen den Schwestern und dem Träger ihres Tätigkeitsbereiches bestehen keine Rechtsbeziehungen arbeitsvertraglicher oder dienstvertraglicher Art." Da freilich die Anwendung des Arbeitsrechts durch bloße Erklärung nicht ausgeschlossen werden kann, kommt der Aussage der Schwestern-Ordnung nur die Rolle eines Auslegungsbehelfes zu. Ergäbe eine Prüfung der faktischen

Potentielle Totalität ist für beide konkurrierenden Rechtsverhältnisse zu erwägen. Bei den Konkurrenten des Arbeitsverhältnisses ist der Trend zum Ausschließlichkeitsanspruch fast immer evident. Doch auch die Eigenart einer arbeitsrechtlichen Pflicht kann die Möglichkeit eines Nebeneinanders mehrerer Rechtsverhältnisse in Frage stellen. Verfehlt wäre es jedoch, die Möglichkeit eines gleichzeitigen Bestehens arbeitsrechtlicher und anderer Bindungen überhaupt zu leugnen.

Bei Arbeitsleistungen von Gesellschaftern oder Vereinsmitgliedern kann die Annahme eines neben die mitgliedschaftliche Bindung tretenden Arbeitsverhältnisses am einfachsten begründet werden[5]. Während Gesellschaft und Verein im Zeichen der Gleichordnung der so verbundenen Personen stehen[6], sind Abhängigkeit, vor allem Weisungsmöglichkeit, für das Arbeitsverhältnis charakteristisch. Ich möchte daher für Anwendung von Arbeitsrecht auf alle jene Arbeitsleistungen von Gesellschaftern und Vereinsmitgliedern eintreten, die in persönlicher Abhängigkeit erfolgen[7].

Die Grenze zwischen gleichgeordneter und abhängiger Arbeit ist bei primär erwerbsorientierten Zusammenschlüssen relativ leicht zu ziehen. Dominieren jedoch ideelle Zielsetzungen, so stellen sich Schwierigkeiten ein. Hat jeder, der in einem solchen Verband Arbeit leistet, an diesen Zielsetzungen teil, so begründet dieser Umstand starke Gemeinschaftsbindung aller Beteiligten. Das Tun der so Beschäftigten erscheint weniger durch die Befolgung von Weisungen als durch die sinnvolle Eingliederung in gemeinsame Bemühungen gekennzeichnet. Ob durch diese Orientierung an ideellen Zielsetzungen die Annahme eines Arbeitsverhältnisses ausgeschlossen wird, hängt in erster Linie vom Ausmaß der Erfassung einer Person durch ihre Gesellschaft oder ihren Verein ab. Bei nicht religiös fundierten Verbänden wird nur selten eine totale oder sonst sehr weit-

Tätigkeitsmerkmale, daß die wesentlichen Voraussetzungen für die Anwendung von Arbeitsrecht eindeutig gegeben sind, so könnte die Schwestern-Ordnung daran nichts ändern.

[3] Dazu insbesondere *Dersch*, RdA 1951, 212 ff.; *Molitor*, DB 1957, 164 f.; *Schnorr v. Carolsfeld*, Festschr. Hueck (1959) 261 ff.

[4] Vgl. aus der nahezu unübersehbaren Literatur *Gernhuber* FamRZ 1958, 243 ff.; *Wägenbaur*, JZ. 1958, 396 f.; *Siebert*, Steuerberater-Jahrbuch 1958/59, 218 ff.; *Nikisch*, Arbeitsrecht I[3] (1961) 108 ff.

[5] Nach *Schnorr v. Carolsfeld*, Festschr. Hueck (1959) 263 bedarf sie überhaupt keiner Erörterung.

[6] Dazu eindringlich *G. Hueck*, Der Grundsatz der gleichmäßigen Behandlung im Privatrecht (1958) 35 ff.; 127 ff.

[7] *Molitor* DB 1957, 165 gelangt dagegen zu subsidiärer Relevanz des Arbeitsrechts, da er nur dann eine Verpflichtung arbeitsrechtlichen Charakters annimmt, wenn diese „nicht in dem Gesellschaftsvertrag als gesellschaftliche oder körperschaftliche Verpflichtung normiert ist". Strittig ist demnach die Behandlung jener Gesellschaftsverträge und Satzungen, die ausnahmsweise zu abhängiger Arbeit verpflichten. Zur Möglichkeit eines Arbeitsverhältnisses zwischen Kommanditist und Kommanditgesellschaft, *G. Hueck*, DB 1962, 1363 ff.

gehende Erfassung des Menschen anzunehmen sein. Regelmäßig sind es ja nur ganz bestimmte Zwecke, denen eine Gesellschaft oder ein Verein gilt. Bei solchen weniger umfassenden Zielsetzungen schließt die Mitgliedschaft die Möglichkeit eines wirtschaftlichen, auf Existenzsicherung durch Lohn zielenden Einsatzes der Arbeitskraft nicht aus. Daher kann ein Arbeitsverhältnis trotz Zugehörigkeit zu einer Gesellschaft oder zu einem Verein mit ideellen Zielen bestehen, wenn die Arbeitsleistung unter Bedingungen erfolgt, die den Verhältnissen am Arbeitsmarkt entsprechen. Ob bei den großen, nicht an einer bestimmten Religionsgemeinschaft ausgerichteten Schwesternverbänden eine solche Entsprechung zu bejahen oder zu verneinen ist, muß hier dahingestellt bleiben, da dazu Sachverhaltsfeststellungen erforderlich wären, für die es an den Voraussetzungen fehlt. Doch können die zur Beurteilung des festzustellenden Sachverhalts maßgeblichen Kriterien umrissen werden. Einerseits die Bindung der einzelnen Schwestern an ein Weisungsrecht der Beschäftigenden, andererseits das Maß der Möglichkeit des Mitglieds, auf die Willensbildung seines Verbandes einzuwirken, erscheinen mir am wichtigsten. Daneben können Arbeitszeitregelung, Urlaubsgestaltung und Karrieremöglichkeit als Indizien der Arbeitnehmereigenschaft Beachtung finden. Auch das durch *Schnorr v. Carolsfeld*[8] herausgestellte Kriterium der Beteiligung am Risiko ist von maßgeblicher Bedeutung. Regelmäßig werden diese Kriterien konvergieren; fallen sie einmal doch auseinander (z. B. Unabhängigkeit ohne Teilnahme am Risiko), wird man die für und gegen ein Arbeitsverhältnis sprechenden Umstände abwägen müssen.

Das Fehlen eines Interessengegensatzes zwischen Arbeitgeber und Arbeitnehmer, auf das bisweilen hingewiesen wird[9], schließt die Möglichkeit der Annahme eines Arbeitsverhältnisses nicht aus. Interessengegensätze sind im Arbeitsrecht zwar typisch, aber nicht wesentlich. Überdies lehrt die Erfahrung, daß es trotz gemeinsamer Orientierung an einer ideellen Zielsetzung genug Interessengegensätze zu geben pflegt, die ausreichen, um mit den für das Arbeitsrecht typischen Verhältnissen verglichen zu werden.

Gegenüber anderen Gesellschaften und Vereinen mit ideellen Zielsetzungen kommt Einrichtungen von Religionsgemeinschaften eine Sonderstellung zu. Diese Sonderstellung äußert sich nicht nur im Betriebsverfassungsrecht (§ 81 II BetrVG), sondern auch im Bereich des allgemeinen Arbeitsrechts[10]; sie wird oft als Ausdruck besonderer Intensität mitgliedschaftlicher Bindung angesehen[11] und wirkt so als Argument für

---

[8] Festschr. Hueck (1959) 262.

[9] Vgl. C. *Frick*, Die Rechtsstellung der Diakonisse (o. J) 112 ff.; *Kalisch*, ZevKR 2 (1952) 57.

[10] Vgl. schon RAGE 8, Nr. 11 (S. 45) mit problematischer Bejahung der Arbeitnehmerähnlichkeit von Hilfsdiakonen, dann BGHZ 18, 373 ff. und BGHZ 22, 383 ff.

[11] Vgl. *Molitor*, Festschr. Stohr II (1960) 231 ff.

die Unmöglichkeit eines Nebeneinanders mitgliedschaftlicher und arbeitsrechtlicher Rechtsregeln.

Wie wir aber schon bei der Interpretation des Verhältnisses von § 81 II BetrVG zu § 4 II und § 81 I BetrVG gesehen haben, kommt bei aller Arbeit für Religionsgemeinschaften noch ein ganz anders konzipierter Rechtsgedanke ins Spiel: die Autonomie. Diese schließt Arbeitsrecht überhaupt nicht aus, sie fordert bloß eigenes Arbeitsrecht der autonomen Gemeinschaft an Stelle der staatlichen Ordnung. Dabei kann es hier dahingestellt bleiben, ob es derart zu wechselseitiger Rezeption (der staatlichen Ordnung durch die kirchliche und der kirchlichen durch die staatliche) kommt[12] oder ob sich die Schaffung von Autonomie in einem Regelungsverzicht des Staates, in der Respektierung einer nicht staatlichen Rechtsetzungsautorität erschöpft[13]. Die auf Grund der Autonomie geschaffenen Ordnungen erscheinen nach beiden Konzeptionen als Arbeitsrecht. Exemplifiziert wird dies etwa durch die Notverordnung über die Regelung des für die kirchlichen Angestellten geltenden Dienstrechts vom 13. 7. 1961[14], die weitgehend zur Übertragung des BAT führt.

So wie das allgemein-staatliche Arbeitsrecht Ausnahmen von seinem Arbeitnehmerbegriff macht, so sehen auch kirchliche Ordnungen gewisse Ausnahmen vor. Personen, die in kirchlichen Einrichtungen lediglich zu Erziehungszwecken, aus therapeutischen oder karitativen Gründen beschäftigt werden, sind nach Art. 1, Abs. 1 der zitierten Notverordnung von der Anwendung des BAT ausgenommen, wenn dies vor Aufnahme der Beschäftigung schriftlich[15] vereinbart worden ist. Während eine den Kriterien des § 4 II d BetrVG entsprechende Ausnahme im Bereich des kirchlichen Dienstes sinnwidrig wäre, bleibt Raum für die soeben angeführte, dem § 4 II e BetrVG nahestehende Ausnahme.

Die „Richtlinien für Arbeitsverträge in den Anstalten und Einrichtungen des Deutschen Caritasverbandes"[16] enthalten in II (2) gleichfalls dem § 4 II e BetrVG stark verwandte Ausnahmen für Beschäftigung aus Gründen der körperlichen Heilung, der Wiedereingewöhnung, der sitt-

[12] Vgl. *Melichar*'s bisher zu wenig beachtete Konzeption in Jur. Blätter 1957, 57 ff. und dazu *Antoniolli*, Öst. Archiv f. Kirchenrecht 1959, 229 ff.; *Ermacora*, Handbuch der Grundfreiheiten und der Menschenrechte (1963) 412 ff.

[13] Vgl. *Kalisch*, ZevKR 2 (1952) 24 ff.; *Mikat*, bei *Bettermann-Nipperdey-Scheuner*, Die Grundrechte IX 1 (1960) 171 ff. — Zur Problematik des Autonomiebegriffes im Arbeitsrecht *Floretta*, DRdA 1959, 54 f.; *Galperin*, Festschr. Molitor (1962) 143 ff.; *Mayer-Maly*, RdA 1963, 165.

[14] KABl. 1961, 63; Kirchl. Arbeitsvertragsrecht i. Rheinland (hg. v. Landesverband Innere Mission Rheinland, 1963) 135.

[15] Zu Bedeutung und Sanktion von Schriftformgeboten im Arbeitsrecht vgl. *Mayer-Maly*, SAE 1963, 223 f. gegen das Urteil des BAG v. 4. 6. 1963, 5 AZR 16/63.

[16] Herausgegeben von der Ständigen arbeitsrechtlichen Kommission des Deutschen Caritasverbandes, Freiburg i. Br. (1960).

lichen Besserung oder Erziehung sowie für nicht in erster Linie aus Gründen einer Erwerbstätigkeit, sondern vorwiegend zur Ausbildung oder Betreuung erfolgende Beschäftigungen. Es bildet eben eine notwendige Konsequenz des arbeitsrechtlichen Charakters auch der auf völliger oder teilweiser Autonomie beruhenden Ordnungen, daß in diesem Sonderbereich Ausnahmen vom Arbeitnehmerbegriff notwendig werden. Schon daraus ersehen wir, daß die Arbeit im Bereich religiös ausgerichteter Gemeinschaften keineswegs a priori dem Arbeitsrecht entzogen ist. Treffend kommt die Möglichkeit eines Nebeneinander mitgliedschaftlicher und arbeitsrechtlicher Bindungen in I der zitierten Richtlinien zum Ausdruck, wenn von den Mitarbeitern der Caritas gesagt wird: „Sie bilden ohne Rücksicht auf ihre arbeitsrechtliche Stellung eine Dienstgemeinschaft zur gemeinsamen Erfüllung des dieser Gemeinschaft aufgetragenen kirchlichen Werkes" (Sperrung von mir). Innerhalb wie außerhalb von Autonomie schließen Mitgliedschaftsband und Arbeitsrecht einander nicht aus.

Mit der Problemlage bei der Arbeit in religiösen Gemeinschaften ist die der Arbeit im Familienverband strukturell verwandt. Auch die Familie ist auf eine gewisse Autonomie hin angelegt, der Staat überläßt die Ordnung ihrer Angelegenheiten weithin den Trägern der elterlichen Gewalt. Natürliche Rechte der Eltern werden von Art. 6 II GG ausdrücklich anerkannt[17]. Vergleicht man diese Position mit der Diskussion über die Kirchenautonomie, so wird deutlich, daß wir hier ganz eindeutig nicht Delegation, sondern Voraussetzung des autonomen Bereiches vor uns haben.

In diesem Licht sind die zivilrechtlichen Bestimmungen über Pflichten zur Mitarbeit im Familienverband zu sehen. Mit ihnen trägt das staatliche Recht der inneren Ordnung der von ihm vorausgesetzten, als naturrechtlich fundiert anerkannten Familie Rechnung. Dies gilt für die Dienste des Kindes in Haus und Geschäft (§ 1617 BGB) ebenso wie für die Pflicht zur Mitarbeit unter Ehegatten (§ 1356 II BGB).

Stellt sich eine Arbeitsleistung lediglich als Erfüllung von Verpflichtungen aus § 1356 II BGB oder aus § 1617 BGB dar, so fehlt es an einem Arbeitsverhältnis im Sinne des Arbeitsrechts. Mit der Einigkeit über diesen Satz[18] ist aber wenig gewonnen. Offen bleibt ja, wann eine Arbeitsleistung sich lediglich als Erfüllung familienrechtlicher Verpflichtungen darstellt. Dafür kann man entweder auf den Rechtsfolgewillen der Beteiligten oder auf die Beschaffenheit der Dienstleistung sehen; schließlich kann es zu einer Kombination dieser Kriterien kommen.

---

[17] Vgl. *Scheffler*, bei *Bettermann-Nipperdey-Scheuner*, Die Grundrechte IV 1 (1960) 249 f. und *H. Peters*, ebenda 374.

[18] Vgl. *Gernhuber*, FamRZ 1958, 243 ff.; *Nikisch*, Arbeitsrecht I³ (1961) 108 ff.

Die Orientierung am Rechtsfolgewillen führt zur Prüfung der Frage, ob eine ausdrückliche oder schlüssige Einigung auf einen Arbeitsvertrag vorliegt. *Siebert*[19] hat starke Gründe dafür gefunden, daß Arbeitsverhältnisse zwischen Ehegatten auch die bereits durch § 1356 II BGB gebotenen Leistungen zum Gegenstand haben können. Diese Gründe kommen jedoch nur zum Tragen, wenn es klar feststeht, daß die Parteien ein reguläres Arbeitsverhältnis wollten. Im Zweifel wird schon wegen § 850 h ZPO anzunehmen sein, daß durch § 1356 oder § 1617 BGB gebotene Leistungen nicht auf Grund eines Arbeitsvertrages erbracht werden. Auch wird bei ausdrücklicher Begründung eines Arbeitsverhältnisses immer darauf zu sehen sein, ob dieses nicht nur ein Instrument der Gesetzesumgehung bilden soll.

Gehen die Dienste über das durch § 1356 oder § 1617 BGB gebotene Maß hinaus, so liegt es näher, auf sie Arbeitsrecht anzuwenden. Dabei kommt es meines Erachtens weniger auf die Gegenleistung, sondern vor allem auf die soziale Bewertung der Arbeitsleistung an. Hat das Familienmitglied einen Arbeitsplatz wie andere Arbeitnehmer auch, so kann sogar ein stillschweigend geschlossener Arbeitsvertrag angenommen werden. Führt dagegen bloß der außerordentlich starke Einsatz für die Familie zur Überschreitung der Pflichten aus dem BGB, so spricht nichts für einen Arbeitsvertrag. Bemerkenswert ist dabei die Position des BetrVG: In § 4 II f nimmt es Verwandte und Verschwägerte ersten Grades, die in häuslicher Gemeinschaft mit dem Arbeitgeber leben, vom betriebsverfassungsrechtlichen Arbeitnehmerbegriff aus. *Fitting-Kraegeloh-Auffarth*[20] sehen ganz richtig, daß so die betriebsverfassungsrechtliche Arbeitnehmereigenschaft auch dann verneint wird, wenn einmal doch ein echtes Arbeitsverhältnis zwischen Ehegatten oder Eltern und Kindern besteht. Das beweist schlagend, daß die Ausnahmen des § 4 II BetrVG doch nichts anderes als Sondernormen sind, deren Verallgemeinerung verfehlt wäre. Zugleich wird deutlich, daß die Rechtsordnung für das allgemeine Arbeitsrecht sehr wohl mit der Möglichkeit eines Nebeneinanders familiärer und arbeitsrechtlicher Bindungen rechnet.

Auch in ihrer familienrechtlichen Gestalt schließen mitgliedschaftliche Rechtsbeziehungen die Möglichkeit arbeitsrechtlicher Beziehungen nicht notwendig aus. Selten nur stoßen wir auf Mitgliedschaften von solcher Totalität, daß für die gewöhnlichen bürgerlichen Rechtsbeziehungen überhaupt kein Raum bleibt. Daher kann es vielfach auch dann bei den oben aufgestellten Regeln über die Bedeutung von Erwerbsabsicht und Erwerbsdienlichkeit bleiben, wenn das Zurücktreten der Erwerbsorientierung mit mitgliedschaftlichen Bindungen Hand in Hand geht.

---

[19] Steuerberater-Jahrbuch 1958/59, 219 f.; vgl. seither E. d. BVerfG v. 8. 7. 1963, FamRZ 1963, 419.

[20] BetrVG[6] (1962) 75.

SACHREGISTER

FSC
www.fsc.org
MIX
Papier | Fördert
gute Waldnutzung
FSC® C083411

Kolibri 360 GmbH
Ferdinand-Jühlke-Straße 7
99095 Erfurt, Deutschland
produktsicherheit@kolibri360.de